«Con su habitual claridad, franqueza y comprensión, John Piper nos guía de manera magistral a través del corto pero poderoso libro de Rut. Más que un "pequeño romance", Piper descubre la enseñanza de este libro en cuanto a soberanía, designio, gracia y gloria. Mientras seguimos el relato de Noemí, Rut y Booz, nuestras propias vidas se enriquecen y transforman. Recomiendo esta obra a todo aquel que desee conocer mejor a Dios a través de su Palabra».

Tremper Longman, profesor Robert H. Gundry de Estudios Bíblicos, *Westmont College*

«Vivimos en una cultura relativista en la que a las personas les preocupa más caer bien que ser sinceras. En *Bajo las alas de Dios*, John Piper realiza una excelente labor de defender bíblicamente verdades clave que la Iglesia a menudo pasa por alto. El autor nos ofrece un ejemplo de cómo tomar una posición bien fundamentada y valiente en temas como raza, pureza y soberanía del Señor».

Francis Chan, pastor de *Cornerstone Church* y autor de *Loco amor*

BAJO LAS ALAS DE DIOS

BAJO LAS ALAS DE DIOS

EXPERIMENTE LA HISTORIA DE RUT
EN UNA MANERA DISTINTA

JOHN PIPER

EDITORIAL
PORTAVOZ

La misión de *Editorial Portavoz* consiste en proporcionar productos de calidad —con integridad y excelencia—, desde una perspectiva bíblica y confiable, que animen a las personas a conocer y servir a Jesucristo.

Título del original: *A Sweet and Bitter Providence,* © 2010 por Desiring God Foundation y publicado por Crossway, 1300 Crescent Street, Wheaton, Illinois 60187. Traducido con permiso.

Traducción: Ricardo Acosta

Las cursivas añadidas en los versículos bíblicos son énfasis del autor.

EDITORIAL PORTAVOZ
2450 Oak Industrial Dr. NE
Grand Rapids, Michigan 49505 USA
Visítenos en: www.portavoz.com

ISBN 978-0-8254-1945-4 (rústica)
ISBN 978-0-8254-0570-9 (Kindle)
ISBN 978-0-8254-8530-5 (epub)

Impreso en los Estados Unidos de América
Printed in the United States of America

A
Noël y Talitha,
mujeres de fe.

CONTENIDO

INTRODUCCIÓN

RUT ES UN LIBRO MUY ANTIGUO. Los acontecimientos sucedieron hace más de tres mil años. ¿Podría esto ser relevante y útil para nuestra vida? Creo que sí. La soberanía de Dios, la naturaleza sexual de la humanidad, y el evangelio nunca cambian. Y puesto que el Señor sigue siendo soberano, y que usted es hombre o mujer, y que Cristo está vivo y tiene poder, el libro tiene un mensaje para usted.

No sé quién es usted ni conozco bien sus circunstancias como para asegurar que deba leer esta obra. Esa tendrá que ser su decisión. Sin lugar a dudas, hay otras cosas muy importantes que usted puede hacer, como hablar a sus vecinos acerca de Jesús. Por tanto, simplemente le diré por qué creo que usted podría beneficiarse si junto a mí escucha el mensaje de Rut. Brevemente, le daré siete razones para que pueda decidir si seguir su camino o quedarse donde está.

1. La Palabra de Dios

El libro de Rut es parte de las Escrituras, las cuales Jesús amó. Él afirmó: «la Escritura no puede ser quebrantada» (Juan 10:35). También aseguró: «hasta que pasen el cielo y la tierra, ni una jota ni una tilde pasará de la ley, hasta que todo se haya cumplido» (Mateo 5:18). Y lo mejor de todo es que Él dijo: «Escudriñad las Escrituras... ellas son las que dan testimonio de mí» (Juan 5:39).

La razón de que estas Escrituras, inclusive el libro de Rut, no puedan ser quebrantadas es que constituyen el mensaje del Señor. «Toda la Escritura es inspirada por Dios» (2 Timoteo 3:16). «Los santos hombres de Dios hablaron siendo inspirados por el Espíritu Santo» (2 Pedro 1:21). Por consiguiente, el mensaje de Rut es inalterablemente fiel. Es una roca sobre la cual pararse cuando el terreno de ideas se siente como arena movediza. Es un ancla que nos sostiene aunque las olas golpeen con fuerza.

Pero lo mejor acerca de las Escrituras es que brindan esperanza porque señalan a Jesús. «Para nuestra enseñanza se escribieron, a fin de que por la paciencia y la consolación de las Escrituras, tengamos esperanza» (Romanos 15:4). El mensaje de Rut está lleno de expectativa divinamente inspirada.

2. Una historia de amor

Rut es una historia de amor. Un comentario sugiere que esta podría ser «la más hermosa historia jamás escrita».[1] Hay algunos momentos espectaculares. No muy a menudo obtenemos la más rica y profunda verdad en forma de una apasionada historia de amor. La manera en que Rut y Booz se encontraron representa un hecho glorioso en que participa el gobierno soberano de Dios sobre las naciones, y que se extiende a través de miles de años en su propósito. Pero la narración es la experiencia real de una familia que vive el plan inesperado del Señor.

3. Masculinidad y feminidad

El libro de Rut es la representación de hermosa y noble masculinidad y feminidad, cuya grandeza es más que sexo. Esta es más que una palpitante historia de amor. En una época en que las películas, la televisión, la publicidad y la Internet describen la masculinidad y la feminidad en sus más bajas formas, tenemos gran necesidad de historias que eleven el magnífico significado de estas dos facetas.

Al hacer del sexo lo más importante, el mundo moderno está perdiendo la gloria, la belleza, la profundidad y el poder de aquello en lo que la sexualidad se convierte cuando corre como un río profundo y poderoso entre las altas riberas de la justicia. Rut y Booz son extraordinarios. Los hombres y las mujeres de hoy necesitan esta clase de héroes.

4. Etnocentrismo

La historia de Rut aborda uno de los grandes temas de nuestra época: la diversidad y la armonía étnicas. El racismo y toda forma de etnocentrismo son tan comunes hoy día en todo el mundo como nunca antes lo han sido. Un planeta en que las distancias se acortan debido al inmediato acceso a la Internet ha traído a nuestras vidas miles de personas raras y extraños patrones de vida... y al mismo tiempo ha llevado nuestra extrañeza a las vidas de otros. La diversidad es una realidad en este mundo. La pregunta es cómo pensaremos, sentiremos y actuaremos al respecto.

Consideremos algunos hechos de la Oficina del Censo de los Estados Unidos acerca de lo que está reservado para ese país:

> Se calcula que las minorías, que hoy día (agosto 2008) representan casi un tercio del total de la población, se convertirán en mayoría para el 2042, y se proyecta que para el 2050 se convertirán en el 54 por ciento de la nación. Para el año 2023 las minorías comprenderán más de la mitad de todos los niños... Se prevé que la población blanca no hispana sea solo ligeramente mayor para el año 2050 (203,3 millones) que para el 2008 (199,8 millones). Es más, se calcula que este grupo perderá población en las décadas de 2030 y 2040, y comprenderá el 46 por ciento del total de población para el 2050, por debajo del 66 por ciento en 2008.[2]

Rut es una «impura» moabita pagana. Pero se convierte a la fe y entra al linaje de Jesucristo, el Hijo de Dios. Su matrimonio es interracial. Aquí hay lecciones que hoy día necesitamos más que nunca.

5. La soberanía de Dios

El propósito más importante del libro de Rut es llevar las calamidades y tristezas de la vida bajo el dominio providencial de Dios, y mostrarnos que los propósitos divinos son buenos. No es una afirmación falsa cuando Noemí, la suegra de Rut, declara: «en grande amargura me ha puesto el Todopoderoso. Yo me fui llena, pero Jehová me ha vuelto con las manos vacías... el Todopoderoso me ha afligido» (Rut 1:20-21).

Eso es cierto. Sin embargo, he aquí la pregunta que el libro responde: *¿Es el amargo designio de Dios la última palabra?* ¿Se ponen ingredientes amargos (como el extracto de vainilla) en la batidora para hacer que el pastel sepa mal? Adondequiera que miro hoy día, ya sea cerca o lejos, el tema para las personas reales en la vida actual es: *¿Puedo confiar y amar al Dios que me ha enfrentado a tan dolorosa experiencia?* Esa es la pregunta que el libro de Rut intenta contestar.

6. Amor que asume riesgos

El regalo de la esperanza en la providencia divina significa sobreabundancia de hechos radicales de amor hacia personas que sufren. El libro de Rut no está en la Biblia simplemente para ayudarnos a tener pensamientos correctos acerca de Dios. Tampoco está allí para brindarnos esperanza en la buena providencia divina. Aquella confianza pletórica de esperanza significa liberar ese amor radical que asume riesgos. Esa clase de amor está allí para hacer de usted una nueva clase de individuo: alguien capaz de «hacer justicia, y amar misericordia, y humillar[se] ante [su] Dios» (Miqueas 6:8).

7. La gloria de Cristo

El libro de Rut tiene como objetivo mostrar que toda la historia, incluso sus momentos más sombríos, sirve para magnificar la gloria de la gracia de Dios. Como veremos más adelante, mil años antes de Cristo, este escrito glorifica en maneras sorprendentes la obra redentora en la cruz. Rut tiene que ver con la obra de Dios en medio de las épocas más deprimentes, a fin de preparar al mundo para las glorias de Jesucristo.

Lo invito a que me acompañe mientras juntos recorremos esta extraordinaria historia.

CAPÍTULO UNO

DULCE Y AMARGO DESIGNIO

... a dondequiera que tú fueres, iré yo, y dondequiera que vivieres, viviré. Tu pueblo será mi pueblo, y tu Dios mi Dios. Donde tú murieres, moriré yo, y allí seré sepultada; así me haga Jehová, y aun me añada, que sólo la muerte hará separación entre nosotras dos.

RUT 1:16-17

Rut 1

1 Aconteció en los días que gobernaban los
jueces, que hubo hambre en la tierra. Y un
varón de Belén de Judá fue a morar en los
campos de Moab, él y su mujer, y dos hijos
suyos.

2 El nombre de aquel varón era Elimelec, y
el de su mujer, Noemí; y los nombres de sus
hijos eran Mahlón y Quelión, efrateos de
Belén de Judá. Llegaron, pues, a los campos
de Moab, y se quedaron allí.

3 Y murió Elimelec, marido de Noemí, y
quedó ella con sus dos hijos,

4 los cuales tomaron para sí mujeres moabi-
tas; el nombre de una era Orfa, y el nombre
de la otra, Rut; y habitaron allí unos diez
años.

5 Y murieron también los dos, Mahlón y Que-
lión, quedando así la mujer desamparada
de sus dos hijos y de su marido.

6 Entonces se levantó con sus nueras, y
regresó de los campos de Moab; porque oyó
en el campo de Moab que Jehová había visi-
tado a su pueblo para darles pan.

7 Salió, pues, del lugar donde había estado, y con ella sus dos nueras, y comenzaron a caminar para volverse a la tierra de Judá.

8 Y Noemí dijo a sus dos nueras: Andad, volveos cada una a la casa de su madre; Jehová haga con vosotras misericordia, como la habéis hecho con los muertos y conmigo.

9 Os conceda Jehová que halléis descanso, cada una en casa de su marido. Luego las besó, y ellas alzaron su voz y lloraron,

10 y le dijeron: Ciertamente nosotras iremos contigo a tu pueblo.

11 Y Noemí respondió: Volveos, hijas mías; ¿para qué habéis de ir conmigo? ¿Tengo yo más hijos en el vientre, que puedan ser vuestros maridos?

12 Volveos, hijas mías, e idos; porque yo ya soy vieja para tener marido. Y aunque dijese: Esperanza tengo, y esta noche estuviese con marido, y aun diese a luz hijos,

13 ¿habíais vosotras de esperarlos hasta que fuesen grandes? ¿Habíais de quedaros sin casar por amor a ellos? No, hijas mías; que mayor amargura tengo yo que vosotras, pues la mano de Jehová ha salido contra mí.

14 Y ellas alzaron otra vez su voz y lloraron;
y Orfa besó a su suegra, mas Rut se quedó
con ella.

15 Y Noemí dijo: He aquí tu cuñada se ha
vuelto a su pueblo y a sus dioses; vuélvete
tú tras ella.

16 Respondió Rut: No me ruegues que te deje,
y me aparte de ti; porque a dondequiera que
tú fueres, iré yo, y dondequiera que vivie-
res, viviré. Tu pueblo será mi pueblo, y tu
Dios mi Dios.

17 Donde tú murieres, moriré yo, y allí seré
sepultada; así me haga Jehová, y aun me
añada, que sólo la muerte hará separación
entre nosotras dos.

18 Y viendo Noemí que estaba tan resuelta a ir
con ella, no dijo más.

19 Anduvieron, pues, ellas dos hasta que lle-
garon a Belén; y aconteció que habiendo
entrado en Belén, toda la ciudad se conmo-
vió por causa de ellas, y decían: ¿No es ésta
Noemí?

20 Y ella les respondía: No me llaméis Noemí,
sino llamadme Mara; porque en grande
amargura me ha puesto el Todopoderoso.

21 Yo me fui llena, pero Jehová me ha vuelto
con las manos vacías. ¿Por qué me llama-
réis Noemí, ya que Jehová ha dado testi-
monio contra mí, y el Todopoderoso me ha
afligido?

22 Así volvió Noemí, y Rut la moabita su nuera
con ella; volvió de los campos de Moab, y lle-
garon a Belén al comienzo de la siega de la
cebada.

La prostituta y la moabita

Según el primer versículo del libro de Rut, la historia se lleva a cabo durante el tiempo de los jueces. Por eso, Rut aparece en nuestras biblias exactamente después del libro llamado *Jueces*. La época de los jueces fue un período de cuatrocientos años después de que Israel entrara a la tierra prometida bajo el liderazgo de Josué, antes de que hubiera reyes en Israel (aproximadamente 1400 a.C. a 1000 a.C.).

Aunque algunas generaciones podrían haber quedado fuera de la genealogía en Rut 4:18-22, a Booz, el cual se casó con Rut, se le relaciona como uno de los descendientes de Rahab, la prostituta convertida que vivió cuando Israel entró por primera vez a la tierra prometida (Josué 2:1, 3; 6:17, 23). Podemos enterarnos de esto leyendo la genealogía de Jesús en Mateo 1:5, y es una indicación de que cosas extraordinarias están a la vista. ¿Por qué una prostituta y una moabita se mencionarían consecutivamente en la genealogía de Jesús? ¿Por qué habrían de mencionarse en absoluto? Estamos entrando al terreno de algo asombroso.

Dios obra en los momentos más difíciles

El último versículo del libro de Jueces nos permite ver la clase de época que se vivía. Jueces 21:25 declara: «En estos días no había rey en Israel; cada uno hacía lo que bien le parecía». Era un tiempo muy triste en Israel. El mismo patrón sombrío sucedía una y otra vez: el pueblo pecaba, Dios les enviaba enemigos, los israelitas clamaban pidiendo ayuda, y de manera misericordiosa el Señor levantaba un juez para liberarlos (Jueces 2:16-19).

Según todas las apariencias externas, los propósitos divinos para la justicia y la gloria en Israel estaban fracasando. Sin embargo, lo que el libro de Rut hace por nosotros es darnos una visión de la obra oculta de Dios durante los peores momentos.

Reflexione en el último versículo de Rut (4:22). El hijo nacido de Rut y Booz durante el período de los jueces es Obed. Este llega a ser el padre de Isaí, e Isaí se convierte en el padre de David, quien llevó a Israel a sus mayores alturas de gloria. Uno de los principales mensajes de este librito es que el Señor obra en los tiempos más difíciles.

Se pone en marcha el linaje de Cristo

Incluso a través de los pecados de su pueblo, Dios planea la gloria de los suyos. Esto fue verdad a nivel nacional, y veremos que también es cierto a nivel personal y familiar. El Señor está en acción en los peores momentos; actúa haciendo mil cosas que nadie más que Él puede ver. En el caso de esta historia, en una forma que nadie más puede ver, Dios obra en la preparación del camino hacia Cristo.[1] La razón de que lo sepamos es porque el libro concluye relacionando a Rut y a Booz con David el rey. Las últimas palabras del libro son: «Booz engendró a Obed, Obed engendró a Isaí, e Isaí engendró a David» (4:21-22).

Jesús mismo se identificó como «hijo de David» (Mateo 22:41-46). Forjó un vínculo directo para sí, sobre todas las generaciones participantes, hasta David, Isaí, Obed y Rut. Saber cómo termina este libro nos ofrece desde el principio una sensación de que nada será insignificante aquí. Grandes cosas están en juego. Dios está poniendo en marcha el linaje de Jesús el Mesías, cuyo reino durará por toda la eternidad (Isaías 9:7).

Detrás de un designio angustioso

Como un medio para ese fin —y todo es un medio para glorificar a Cristo— el libro de Rut revela esa mano oculta de Dios en las experiencias amargas de su pueblo. Lo importante de este libro no es tan solo que el Señor está preparando el camino para la venida del Rey de gloria, sino que lo está haciendo en tal manera que todos deberíamos aprender que los peores momentos no se desperdician ni global, histórica o personalmente.

Cuando creemos que el Señor está más lejos de nosotros o nos ha vuelto la espalda, la verdad es que, mientras nos aferramos a Él, el Señor pone el fundamento para mayor felicidad en nuestra vida.

No juzgues con débil sentido al Señor,
Más bien confía en Él por su gracia;
Detrás de una providencia agobiante
Él esconde su rostro sonriente.[2]

Lo que William Cowper declara en estas líneas es una descripción de cómo Dios trae salvación eterna a su pueblo. Así es cómo Él gobierna la historia, y así es cómo gobierna nuestras vidas. El libro de Rut es uno de los relatos más descriptivos de cómo el Señor oculta su rostro sonriente detrás de un designio angustioso.

Las desventuras de Noemí

Los versículos 1-5 describen la desventura de Noemí: el designio angustioso, según veremos más adelante. Noemí es uno de los tres personajes principales de este drama. Ella se convertirá en la suegra de Rut. Noemí es una israelita con su esposo Elimelec y sus dos hijos Mahlón y Quelión. Ellos son de Belén, donde sabemos que Jesús nacerá un día, lo cual nos vuelve a sensibilizar en lo explosivo que este libro se muestra en cuanto a las conexiones con el Mesías.

Noemí, no su esposo, ni sus hijos ni Rut, es el centro del primer capítulo del libro. Aquí se describen las desdichas de la mujer, su destino agobiante. La primera desdicha (1:1) es una hambruna en Judá donde Noemí vive con su esposo y sus hijos. La mujer sabe quién ocasiona el hambre. Es Dios. Quizás ella se enteró de esto por medio de las Escrituras, las cuales dicen en Levítico 26:3-4: «Si anduviereis en mis decretos y guardareis mis mandamientos, y los pusiereis por obra, yo daré vuestra lluvia en su tiempo, y la tierra rendirá sus productos, y el árbol del campo dará su fruto». Es decir, Dios gobierna la lluvia. Cuando las lluvias son retenidas, esto se debe a la mano dura del Señor.

¿Es esto algo blasfemo o consolador?

Sepa por favor que soy consciente de lo inaceptable que esta verdad es para algunos. El hecho de que sufrimientos horribles sirvan a los propósitos divinos no parece una buena noticia para muchos. Las calamidades corporales, como el tsunami de diciembre de 2004, son tan devastadoras en cuanto a la agonía humana que hacen que muchos cristianos no las puedan atribuir al plan de Dios. Por ejemplo, David Hart escribió en *Wall Street Journal*:

> Al enfrentar la inmensidad cruel y dura del sufrimiento terrenal —al ver toda la orilla del litoral del Océano Índico salpicado con decenas de miles de cadáveres, la tercera parte de ellos niños— ningún cristiano tiene licencia para emitir odiosas banalidades acerca de los inescrutables consejos de Dios o blasfemas sugerencias de que todo esto sirve de manera misteriosa a los planes divinos.[3]

Estas son palabras fuertes; y discrepo totalmente de ellas. Pero como veremos, el mensaje del libro de Rut es que todo lo que ocurre sirve misteriosamente a los buenos planes de Dios. Miles de cristianos que han caminado a través del fuego y que han visto horrores aceptan el control de Dios en todas las cosas como el consuelo y la esperanza de sus vidas. No es consolador ni esperanzador que en medio del dolor se les diga que el Señor no tiene el control. Dar a Satanás el control decisivo o atribuir el dolor a la casualidad no es cierto ni útil. Cuando el mundo se derrumba, necesitamos la seguridad de que Dios reina sobre todo.

Escribo estas cosas porque son ciertas. También las escribo porque, después de treinta y cinco años de ministrar a personas reales, sé que tales verdades son valiosas para quienes sufren. Las personas que más aprecian la soberanía divina en medio del sufrimiento son aquellas que están expuestas a los más grandes peligros.

Una bala soberana

Por ejemplo, el 20 de abril de 2001, la Fuerza Aérea del Perú derribó un avión misionero al confundirlo con un transporte de drogas. En el aeroplano estaban el piloto Kevin Donaldson y una familia misionera: Jim y Verónica Bowers y sus dos hijos, Charity de siete meses y Cory de seis años de edad. Verónica tenía sentada a Charity en su regazo en la parte trasera del Cessna 185. Cuando las balas rociaron la avioneta, una de ellas entró por la espalda de Verónica, atravesándola a ella y a su bebita. Ambas murieron. El piloto, con las rodillas destrozadas, logró estrellar el aeroplano contra un río, y los otros tres ocupantes sobrevivieron.

Siete días después en el funeral en Fruitport, Michigan, Jim Bowers ofreció este testimonio y explicó por qué la soberanía de Dios en las muertes de su esposa y su hija era la roca debajo de sus pies.

> Por encima de todo, quiero dar gracias a Dios. Él es un Dios soberano. Ahora me doy más cuenta de eso… Algunos de ustedes se podrían preguntar: «¿Por qué agradecer a Dios?»… ¿Podría esto ser realmente el plan de Dios para Roni y Charity; ¿el plan divino para Cory, nuestra familia y yo? Me gustaría decirles por qué lo creo.[4]

Jim siguió dando quince razones. En ese contexto, afirmó: «Roni y Charity murieron al instante a causa de la misma bala. (¿Diría usted que esa es una bala perdida?). No alcanzó a Kevin, quien estaba enfrente de Charity; se alojó en Charity. Esa fue una bala soberana».

Sin embargo, ¿qué pasó con los pilotos peruanos de combate? ¿No tenían ellos voluntad? ¿No cometieron equivocaciones o, quizás, hasta pecaron contra una inocente familia misionera? Jim Bowers afirmó: «Aquellas personas que hicieron eso simplemente fueron usadas por Dios. Créanlo o no, yo lo creo. Ellos fueron usados por Él, por el Señor, para lograr el propósito divino en esto, quizás algo así como los soldados romanos a quienes Dios usó para poner a Cristo en la cruz».[5]

De la historia de Rut y de la cruz de Cristo, veremos que, en esta vida, nuestra esperanza en la próxima vida depende del gobierno de Dios sobre todas las cosas. Esto podría ser difícil de aceptar cuando el dolor es grande, pero muchísimo peor sería creer en la debilidad de Dios y en su incapacidad de detener el soplo del viento y el vuelo de una bala.

Paralelismos con José y Egipto

Noemí sabía que Dios gobernaba sobre la lluvia y, por consiguiente, el hambre. Esto se hallaba implícito en las Escrituras. Quizás ella lo haya aprendido de la historia de José. Es más, existen algunas analogías sorprendentes entre las circunstancias de Noemí y las de José. Al hijo de Jacob lo vendieron sus hermanos como esclavo en Egipto (Génesis 37:28). Al final, esto llegaría a ser la salvación de los mismos hermanos que lo vendieron. En realidad, salvaría a todo el pueblo de Israel y resguardaría la línea ancestral del Mesías. Una hambruna golpeó la tierra de Israel, y José resultó ser quien proveyó alimento para su familia.

Las analogías en la situación de Noemí fueron que ella fue llevada a una tierra extranjera y que el hambre amenazó tanto su vida como la del pueblo de Dios, y que la línea ancestral del Mesías se conservó en una manera que nadie habría imaginado: una mujer moabita se convirtió en antepasada del Hijo de Dios.

Lo que quiero enfatizar aquí es que Noemí sabía que las hambrunas venían de parte de Dios. Salmos 105:16-17 describe la acción del Señor con respecto a la venta de José a Egipto y al hambre que vino. El texto dice que Dios «trajo» el hambre y que «envió» a José. En otras palabras, el hambre y el rescate posterior fueron planeados por Dios. El salmo afirma que el Señor «Trajo hambre sobre la tierra, y quebrantó todo sustento de pan. Envió un varón delante de ellos; a José, que fue vendido por siervo».

Esto es lo que Noemí creía respecto al hambre de su propia época; venía de parte de Dios. Esto será muy importante para determinar si ella tiene razón o no, cuando más adelante en este capítulo declara: «el Todopoderoso me ha afligido» (1:21).

Jugar con fuego

Después de que nos enteramos de que hay hambre en Israel, vemos a la familia saliendo de Israel en dirección a Moab para escapar del hambre. Moab es una tierra pagana con dioses extranjeros (Rut 1:15; Jueces 10:6). Ir a Moab era jugar con fuego. Dios había llamado a su pueblo a separarse de las tierras circundantes. Por eso, cuando el esposo de Noemí muere (Rut 1:3), ¿qué podía ella sentir sino que el juicio del Señor la había seguido, añadiéndole dolor al hambre? «... la mano de Jehová ha salido contra mí» (1:13).

Luego los dos hijos de Noemí tomaron esposas moabitas, una llamada Orfa y la otra llamada Rut (1:4). Y la mano de Dios cae otra vez. El versículo 5 resume la tragedia de Noemí después de diez años de matrimonios estériles: «Y murieron también los dos, Mahlón y Quelión, quedando así la mujer desamparada de sus dos hijos y de su marido». Una escasez, una mudanza a la pagana Moab, la muerte de su esposo, el matrimonio de sus hijos con esposas extranjeras, diez años de esterilidad aparente para ambas nueras, y la muerte de sus hijos... golpe tras golpe, tragedia tras tragedia. ¿Ahora qué?

«La mano de Jehová ha salido contra mí»

En el versículo 6 Noemí se entera de que «Jehová había visitado a su pueblo para darles pan». Por tanto, la mujer decidió regresar a su tierra. Sus dos nueras, Rut y Orfa, van con ella, al parecer hasta cierto punto, pero, en los versículos 8-13, ella trata de persuadirlas de que vuelvan a casa. Creo que aquí hay tres razones de por qué el escritor dedica tanto espacio al esfuerzo de Noemí en hacer que Rut y Orfa regresaran a los suyos.

Primera, la escena resalta la desventura de Noemí. Por ejemplo, el versículo 11: «Y Noemí respondió: Volveos, hijas mías; ¿para qué habéis de ir conmigo? ¿Tengo yo más hijos en el vientre, que puedan ser vuestros maridos?». En otras palabras, Noemí no tenía nada que ofrecerles. Su condición era peor que las de sus nueras. Si ellas trataban de ser fieles a su suegra y al nombre de sus esposos, no encontrarían nada más que sufrimiento. Así que Noemí concluye al final del versículo 13: «No, hijas mías; que mayor amargura tengo yo que vosotras, pues la mano de Jehová ha salido contra mí». Es decir: *No vengan conmigo porque Dios está contra mí. Las vidas de ustedes se podrían volver tan amargas como la mía.*

La extraña costumbre de casarse con parientes

La segunda razón de la existencia de los versículos 8-13 es prepararnos para una costumbre en Israel que cambiará todo para Noemí en los capítulos siguientes. La costumbre era que, cuando un esposo israelita moría, su hermano o su pariente cercano debía casarse con la viuda y así conservar el nombre del hermano (Deuteronomio 25:5-10). Noemí se está refiriendo a esta costumbre (en 1:11) cuando afirma que no tiene hijos que se casaran con Rut y Orfa. Ella cree que es inútil que sus nueras permanezcan comprometidas al nombre familiar. Es evidente que ni siquiera recuerda que hay otro pariente llamado Booz que podría cumplir el deber de un hermano.

Aquí hay una lección. Cuando hemos decidido que Dios está contra nosotros, por lo general, exageramos nuestra desesperanza. Nos amargamos tanto que no podemos ver los rayos de luz que asoman a través de las nubes. Fue Dios quien detuvo el hambre y quien abrió el camino a casa (1:6). Fue Dios quien conservó a un pariente para prolongar la línea de Noemí (2:20). Y fue Dios quien obligó a Rut a quedarse con Noemí. Pero Noemí está tan amargada por los duros designios del Señor, que no logra ver en su vida la obra de la misericordia divina.

«Tu Dios será mi Dios»

La tercera razón de que existan los versículos 8-13 es hacer que la fidelidad de Rut hacia Noemí parezca increíble. El versículo 14 dice que Orfa se despidió de Noemí con un beso, pero que Rut se aferró a su suegra. Ni siquiera otra súplica en el versículo 15 logra que Rut se vaya: «Y Noemí dijo: He aquí tu cuñada se ha vuelto a su pueblo y a sus dioses; vuélvete tú tras ella». No. Rut se quedará. Esto es aun más asombroso después de la nefasta descripción del futuro al lado de Noemí. Rut aún es joven (2:5; 4:12). Sin embargo, se queda con Noemí a pesar del aparente futuro de viudez y esterilidad. Noemí describió el futuro de manera muy desfavorable, y Rut la tomó de la mano y entró con ella a ese futuro.

Las asombrosas palabras de Rut se hallan en 1:16-17:

> No me ruegues que te deje, y me aparte de ti; porque a dondequiera que tú fueres, iré yo, y dondequiera que vivieres, viviré. Tu pueblo será mi pueblo, y tu Dios mi Dios. Donde tú murieres, moriré yo, y allí seré sepultada; así me haga Jehová, y aun me añada, que sólo la muerte hará separación entre nosotras dos.

Cuanto más reflexionamos en esas palabras, más sorprendentes se vuelven. El compromiso de Rut hacia su indigente suegra es simplemente asombroso.

En primer lugar, significa dejar su propia tierra y familia. Segundo, hasta donde a Rut le consta, ese compromiso significa una vida de viudez y sin hijos, porque Noemí no tiene un varón que darle, y si la joven se llegara a casar con alguien que no fuera pariente, el compromiso con la familia de Noemí se perdería. Tercero, la devoción de Rut significa ir a una tierra desconocida con un pueblo nuevo, nuevas costumbres y nuevo idioma. Cuarto, este fue un compromiso aun más radical que el matrimonio: «Donde tú murieres, moriré yo, y allí seré sepultada» (1:17).

En otras palabras, ella nunca regresaría a casa, ni siquiera en caso de que Noemí muriera.

Pero el compromiso más maravilloso de todos es este: «Tu Dios [será] mi Dios» (1:16). Noemí acababa de decir en el versículo 13: «la mano de Jehová ha salido contra mí». La experiencia de Noemí con el Señor era amarga. Pero a pesar de esto, Rut abandona su herencia religiosa y hace al Dios de Israel su Dios. Quizás años antes ella ya había hecho ese compromiso, cuando su esposo le habló del gran amor de Dios por Israel, de su poder en el Mar Rojo, y del glorioso propósito de paz y justicia del Señor. De una manera u otra, Rut había llegado a confiar en el Dios de Noemí a pesar de las amargas experiencias que su suegra había vivido.

Ella «se ríe de lo por venir»

He aquí una imagen de la mujer ideal según Dios, y más adelante veremos más sus cualidades: fe en que Dios ve más allá de las actuales y amargas adversidades; libertad de las seguridades y comodidades del mundo; valor para aventurarse al interior de lo desconocido y extraño; compromiso radical en la relaciones señaladas por Dios. Esta es la mujer de Proverbios 31:25 que mira el futuro con confianza en el Señor y que se ríe ante los problemas venideros: «Fuerza y honor son su vestidura; y se ríe de lo por venir». Rut es una de «aquellas santas mujeres que esperaban en Dios… sin temer ninguna amenaza» (1 Pedro 3:5-6).

Es algo hermoso observar que una mujer como esta sirve a Cristo con valentía. He podido ver esto muy de cerca, especialmente en años recientes, ya que mi esposa Noël es ahora más libre para viajar que cuando criaba cuatro hijos. Al momento, con solo nuestra hija adolescente Talitha en casa, mi esposa viaja alrededor del mundo por causa de las misiones y para cuidar a personas con discapacidades. Si puede hacerlo, lleva consigo a Talitha; y si no, nuestra hija y yo nos quedamos en casa.

Noël me parece temeraria en la forma en que se aventura a entrar en lugares difíciles. Cuando nos mudamos al barrio Phillips en el sur de Minneapolis (la clase de vecindario en que no se posee una vivienda con propósitos de inversión), ella no se inmutó. Allí hemos vivido durante casi treinta años. Muchas historias urbanas podrían contarse, pero ninguna respecto al temor de mi esposa. Ella es como Rut. Y mediante una oración y un sueño, «Ruth» es el segundo nombre de Talitha. ¡Ojalá todas las iglesias pudieran formar mujeres como Rut!

«Llamadme *Mara*»

Así que Rut y Noemí regresaron a Belén en Judá. «Aconteció que habiendo entrado en Belén, toda la ciudad se conmovió por causa de ellas, y decían: ¿No es ésta Noemí?» (1:19). Esa es una pregunta penosa no solo porque ven que ella está más vieja y sin marido ni hijos, sino también porque el nombre *Noemí* significa «dulce» o «agradable». Por tanto, la mujer responde:

> No me llaméis Noemí, sino llamadme Mara; porque en grande amargura me ha puesto el Todopoderoso. Yo me fui llena, pero Jehová me ha vuelto con las manos vacías. ¿Por qué me llamaréis Noemí, ya que Jehová ha dado testimonio contra mí, y el Todopoderoso me ha afligido? (Rut 1:20-21).

¿Qué opina usted de la teología de Noemí?

Al menos ella no da excusas para la obra de Dios

Algún día me gustaría poner la teología de Noemí por sobre las opiniones sentimentales acerca de Dios que impregnan hoy día muchas iglesias. Se dan interminables excusas respecto a la soberanía del Señor. Pero Noemí es inalterable y está segura de tres aspectos: Dios existe, Dios es soberano, y Dios la ha afligido.

El problema con Noemí es que el significado de la historia de José no ha penetrado en su vida. Ya mencionamos esa historia. José también fue a un país extranjero. Fue vendido como esclavo. Una adúltera le tendió una trampa y lo hizo encarcelar. Él tenía todos los motivos para decir igual que Noemí: «en grande amargura me ha puesto el Todopoderoso». No obstante, José nunca se amargó contra Dios. El Señor cambió todo para el bien personal de José y para el bien nacional de todo Israel.

La lección clave de Génesis 50:20 es esta: «Vosotros [les dice José a sus hermanos] pensasteis mal contra mí, mas Dios lo encaminó a bien». Noemí tiene razón en creer en un Dios soberano y todopoderoso que gobierna los asuntos de naciones y familias, y que a cada día le permite su parte de dolor y placer, como dice el antiguo himno sueco.[6] Sin embargo, Noemí debe abrir los ojos, los ojos del corazón, a las señales de los propósitos misericordiosos del Señor.

Los ojos amargados se vuelven ciegos

Fue Dios, quien quitó el hambre y abrió un camino a casa. Noemí «oyó en el campo de Moab que Jehová había visitado a su pueblo para darles pan» (1:6). Así como seguramente Dios produjo el hambre, así también se la llevó. Noemí pudo ver eso. Pero no pudo ver todo lo que el Señor estaba haciendo. Más tarde, ella será capaz de dar una mirada hacia atrás, del mismo modo que nosotros hacemos al leer el libro por segunda vez, y ver los indicadores de esperanza.

Por ejemplo, observe el delicado toque de esperanza al final de 1:22: Ellas «llegaron a Belén al comienzo de la siega de la cebada». Si Noemí tan solo pudiera ver lo que esto iba a significar. El campo de cebada es donde Rut conocerá a Booz, su futuro esposo.

No solo eso, Noemí tiene que abrir los ojos hacia Rut. ¡Qué regalo! ¡Qué bendición! Sin embargo, mientras ella y Rut se hallan delante del pueblo de Belén, Noemí afirma en el versículo 21: «Jehová me ha vuelto con las manos vacías». ¡No es así, Noemí! La mujer está tan agotada por la noche de adversidad que no logra ver el amanecer de júbilo.

En este punto podría ser de utilidad dar un testimonio personal de John Knight. Él es el director de Desiring God.[7] John sabe lo que es ser tratado como fue tratada Noemí. Él nos da una visión de cuán paciente y misericordiosamente Dios saca a su pueblo de la ceguera de la amargura. La siguiente fue una carta de cumpleaños[8] para su hijo Paul que es ciego y autista:

> El 4 de julio es para mí una clase diferente de «Día de la Independencia». El 4 de julio de 1995 mi severamente discapacitado hijo entró al mundo, y mi vida se derrumbó alrededor de mí... lo que pronto incluiría una profunda e intensa amargura contra Dios.
>
> Nunca negué que Dios existiera ni que fuera poderoso; llegué a la conclusión de que Él era malo y caprichoso. Pero esto también comenzó la obra divina de crear un afecto por Dios y por la suficiencia de Jesucristo. Al cavilar otra vez,

a menudo me asombra que ahora yo pueda alabar al Señor por su bondad al darme un hijo con autismo y ceguera.

Nada de esto ocurrió de manera fácil o accidental. Puedo señalar cinco aspectos específicos que Dios ejerció en mi vida:

1. Fiel liderazgo pastoral. Aún puedo recordar al pastor Tom Steller... subiendo los escalones de la entrada de mi casa con una nota del pastor John. Y recuerdo estar sentado escribiéndole un correo electrónico al pastor David Michael.

Estos hombres, con gran valor y convicción bíblica, entraron en territorio peligroso. Mi abogado, un hombre aleccionado en conflictos, dijo que mi intensidad y mi amargura lo asustaron. Sin embargo, aunque yo los rechazaba, mis pastores nunca dudaron en brindarme un mensaje de esperanza y certeza absoluta con relación a la soberanía y bondad de Dios.

2. Personas fieles de la Iglesia Bautista Bethlehem. Poco después de que naciera mi hijo, abandonamos todo en la iglesia: nuestro grupo pequeño, el voluntariado, las clases de escuela dominical y la asistencia. Una pareja se negó a dejarnos ir y nos amó con tierna, firme y constante compasión que me hizo querer comprender cómo podían amar tan completamente a alguien como yo, como mi esposa, y como mi hijo.

3. Un padre fiel. Mi propio padre fue el primero en el mundo en entender y comunicarme el valor y la importancia propia de mi hijo como una creación de un Dios bueno y tierno. Por trece años, papá ha estado conmigo a través de mucho dolor, tristeza y gozo.

4. Una esposa fiel. Mi esposa y yo no hemos recorrido el mismo sendero; por muchas razones, el de ella ha sido mucho más difícil que el mío. Pero por la gracia de Dios estamos juntos, y todos los días doy gracias al Señor por esta mujer cuya columna vertebral está hecha de acero, y quien me ama a mí y a nuestros cuatro hijos.

5. La soberanía de Dios según se revela en su Palabra. Recuerdo un correo electrónico particularmente lleno de dolor y amargura que envié al pastor John. Él tenía todo el derecho de disciplinarme; pero, en vez de eso, envolvió mi corazón con las palabras de la Biblia. Dios usó esas palabras bíblicas, entre muchas otras, para crear anhelos que yo no tenía, para darle latidos a un corazón muerto, y para revelar, cuando yo era incapaz de ver, la belleza, la suficiencia y la majestad de Jesucristo y su cruz.

Dios ha hecho todo eso, y fue su Palabra la que resultó decisiva.

Es difícil vivir con un hijo, ahora nada menos que adolescente, que siempre será dependiente de alguien para atender todas sus necesidades. Tengo una batalla diaria, y a menudo de cada hora, por mantener el gozo en mi salvación. Sin embargo, a través del cuidado diario de mi hijo mayor, del nacimiento prematuro de mi hijo menor, y ahora de la batalla en curso de mi esposa con cáncer metastásico, Dios no solamente me sustenta, sino que me revela más de su bondad debido a que Él es soberano por encima de todo esto, para su gloria y para mi bien.

Por tanto, en este Día de la Independencia, doy gracias a Jesús por mi verdadera libertad en Él y por darme a mi hijo para ayudarme a ver esa libertad: «Así que, si el Hijo os libertare, seréis verdaderamente libres» (Juan 8:36).

Feliz cumpleaños, Paul.

Ver es un regalo precioso. Y la amargura es una ceguera poderosa. ¿Qué diría Noemí si tan solo pudiera ver una fracción de las miles de cosas que Dios estaba haciendo en medio de las amargas providencias que ella estaba experimentando? Por ejemplo, ¿y si supiera que el Señor estaba eligiendo a una forastera «impura», una moabita (así como eligió a Rahab la prostituta [Mateo 1:5; Josué 2:1] y a Tamar que hizo el papel de prostituta [Mateo 1:3; Génesis 38:15]) como la clase de persona que quería en el linaje de su Hijo, para que nadie pudiera jactarse de tener ascendencia judía o de pertenecer a cualquier otro grupo étnico? ¿Y si Noemí supiera que parte de lo que Dios estaba haciendo era conformar una genealogía para el Mesías que humillaría al mundo?

¿Y si Noemí hubiera podido ver que en Rut ganaría un hijo varón, y que este hijo varón sería el abuelo del más grande rey de Israel, y que este rey de Israel sería el antepasado del Rey de reyes, Jesucristo, el Señor del universo? Si ella hubiera confiado en Dios en cuanto a esas cosas que estaban a la vista, podría haber dicho:

No juzgues con débil sentido al Señor,
Más bien confía en Él por su gracia;
Detrás de una providencia agobiante
Él esconde su rostro sonriente.[9]

De modo que el capítulo termina con Noemí llena de tristeza y con el horizonte brillando de esperanza.

Resumamos algunas de las lecciones de este capítulo.

1. El gobierno soberano de Dios

Noemí lo capta correctamente. El Dios todopoderoso gobierna en todas las cuestiones de la humanidad. Él controla los asuntos de las naciones (Daniel 2:21) y el vuelo de las aves (Mateo 10:29). Sus designios se extienden desde el Congreso estadounidense hasta la cocina de cada uno de nosotros. Por mucho que dudaran las grandes mujeres de fe, nunca dudaron de que Dios gobernara cada parte de sus vidas, y de que nadie puede detenerle la mano (Daniel 4:35).

Dios trae la lluvia, y la quita (Job 38:26; Salmos 147:8). Él da vida, y la quita (Job 1:21). Él decide cómo caen los dados (Proverbios 16:33) y qué reyes ascienden (Daniel 2:21). Nada, desde mondadientes hasta tiranos, tiene autodeterminación definitiva. Todo sirve (voluntariamente o no) «al propósito del que hace todas las cosas según el designio de su voluntad» (Efesios 1:11). Dios es la realidad que todo lo comprende, que todo lo abarca, y que todo lo gobierna.

Noemí tenía razón, y debemos unirnos a ella en esta convicción. El Dios Todopoderoso reina en todos los asuntos de los hombres.

2. Los misteriosos designios de Dios

Los designios del Señor son a veces muy difíciles. Es cierto que Dios había tratado a Noemí de manera amarga... al menos, a corto plazo, las cosas se podían sentir solo como amargura. Alguien podría decir: «Todo se debió al pecado de ir a Moab y casarse con esposas extranjeras». Quizás, pero no necesariamente.

Salmos 34:19 afirma: «Muchas son las aflicciones del justo, pero de todas ellas le librará Jehová». Ni el Antiguo Testamento ni el Nuevo prometen que los creyentes escaparán de la aflicción en esta vida.

«Es necesario que a través de muchas tribulaciones entremos en el reino de Dios» (Hechos 14:22). «De modo que los que padecen según la voluntad de Dios, encomienden sus almas al fiel Creador, y hagan el bien» (1 Pedro 4:19). Aquel que más sufrió fue quien menos lo mereció: Jesucristo. No hay conexión segura entre nuestro sufrimiento y nuestra conducta. Por tanto, no es del todo cierto que la aflicción de Noemí se debiera a que Dios estuviera disgustado con ella.

Pero suponga que la calamidad de Noemí se debiera a su desobediencia. Eso hace que la historia sea doblemente alentadora porque muestra que Dios está dispuesto a cambiar sus juicios en alegrías, y que puede hacerlo. Si Rut se hubiera integrado en la familia por medio del pecado, sería doblemente asombroso que se convirtiera en la abuela de David y en antepasada de Jesucristo. No piense nunca que el pecado de su pasado significa que no haya esperanza para su futuro.

3. Los buenos propósitos de Dios

Eso nos lleva a la tercera lección. Dios no solo controla todos los asuntos de los hombres, y sus designios a veces son duros, sino que en todas sus obras sus propósitos son para el bien y la mayor felicidad de su pueblo. ¿Quién habría imaginado que en el peor de todos los tiempos, el período de los jueces, Dios se moviera en silencio en medio de las tragedias de una familia con el fin de preparar el camino para el más grande rey de Israel?

Pero no solo eso, el Señor estaba obrando para brindar gran gozo a Noemí, Rut, Booz y sus amigos. Si nos ha sobrevenido algo doloroso que nos haga ver el futuro como algo desesperado, aprendamos del libro de Rut que Dios está obrando por nosotros ahora mismo a fin de darnos un futuro y una esperanza. Confiemos en Él. Esperemos con paciencia. Las siniestras nubes son grandes en misericordia y se abrirán con bendición sobre nuestra cabeza.

4. Libertad y valentía como las de Rut

Por último, aprendemos que, si confiamos en que la soberana bondad y la misericordia de Dios nos siguen todos los días de nuestra vida, somos libres para un amor radical como el de Rut. Si el Señor nos llama, podemos dejar familia, trabajo y tierra natal, y podemos tomar compromisos arriesgados y emprender nuevas aventuras. O podemos hallar la libertad, el valor y las fuerzas para mantener un compromiso que ya hayamos hecho.

Valentía de Mary Slessor

Mary Slessor (1848-1915) fue una valiente misionera en Calabar (Nigeria). Nació en Aberdeen, Escocia, y se convirtió al cristianismo siendo una jovencita. «Fuego del infierno fue lo que la condujo al reino, expresaba ella a veces. Pero una vez allí descubrió que se trataba de un reino de amor, ternura y compasión».[10]

Le proporcionaron una Biblia, y su vida cambió.

> Ante todo, Mary estudió minuciosamente la historia de Cristo y meditó en ella. La majestad divina, la belleza y la gracia de la vida de Jesús, así como lo patético de su muerte en la cruz, afectaron de manera indecible a esta mujer. Sin embargo, fue el amor tan fuerte, tan tierno y lastimoso de Cristo lo que cautivó el corazón y la devoción de la misionera, y lo que la llenó de felicidad y paz e impregnó su vida interior como la luz del sol. A cambio, ella amó al Señor con un amor tan intenso que a veces le causaba dolor... A medida que pasaban los años, Mary se rendía más y más a la influencia del Señor, y estaba lista para cualquier servicio que le encomendaran para Él, por humilde o exigente que fuera. Fue esta pasión de amor y gratitud, este abandono de sí misma, este anhelo por servir, lo que la sostuvo en su vida de trabajo.[11]

La formación de Mary para las dificultades y peligros de las misiones se llevó a cabo en las calles de la ciudad. Se ofreció como maestra en una escuela de la misión. Ella y otros más se aventuraron al ministerio al aire libre, y recibieron una lluvia de barro y piedras.

> Había una pandilla que estaba decidida a acabar con la misión con la que la joven se había identificado. Una noche la cercaron en una calle. El líder llevaba una cuerda con un peso de plomo en el extremo, y lo hacía girar amenazadoramente alrededor de la cabeza de Mary, quien se mantenía firme. El misil se acercaba cada vez más, hasta rozarle la frente. Ella no hizo ni una mueca. Entonces el peso se estrelló en el suelo. «Se acabó el juego, muchachos», exclamó el pandillero. Para mostrar el aprecio por el espíritu de la mujer, todos fueron en grupo a la reunión. Allí, los radiantes ojos, la simpatía y la firmeza de Mary obraron en estos muchachos una transformación hacia el orden y la atención.[12]

Cuando la gente intentaba disuadirla de ir a Calabar, conocida como la «tumba del hombre blanco», Mary contestaba que «Calabar era el puesto del peligro, y que por tanto era el puesto del honor».[11]

Mary Slessor pudo actuar con valentía en la causa de Cristo porque sabía que estaba segura bajo las alas de Dios. No es que no la pudieran haber matado, sino que incluso la mano de la muerte era la mano de Cristo.

> No me gusta esa petición en el Libro de Oraciones: *De la muerte repentina, buen Señor, líbranos.* Nunca pude orarla. Sin duda es mucho mejor, sin dolor de separación o debilidad física, ver de una sola vez a nuestro Dios. ¿Por qué no deberíamos ser como el apóstol en su arrebato de alabanza y confianza: «Por lo cual estoy seguro...»? No me hablen de la mano *fría* de la muerte... es la mano de Cristo.[14]

Cuando creemos en la soberanía de Dios y en que al Señor le gusta obrar poderosamente a favor de quienes confían en Él, esto nos brinda una libertad y un valor que no nos abandonan en medio de los tiempos difíciles. La historia de Rut, y las de todas las mujeres valientes que le siguieron, nos ofrece una visión de la obra oculta de Dios durante los peores momentos. Y así como todas las demás Escrituras, según afirma Pablo (Romanos 15:4, 13), el libro de Rut fue escrito para que pudiéramos abundar en esperanza, y en medio de esa esperanza vivir con el valor que exalta a Cristo.

5. La gloria de Cristo

La base de nuestra esperanza de amor liberador no solo está en que generalmente Dios obra para nuestro bien en los peores momentos, sino también en que Él está haciendo que todas las cosas obren específicamente para la gloria de su Hijo, Jesucristo: hijo de

David, hijo de Isaí, hijo de Obed, hijo de Rut la moabita. Nosotros «hacemos trampa» y leemos primero el final de Rut, pero allí es a donde todo se dirige (Rut 4:21-22).

La gloria de Cristo es la suprema gloria de la gracia. Y esa gracia se mostró absolutamente en la cruz donde todos nuestros pecados fueron cubiertos y donde todas las promesas divinas están aseguradas. Toda bendición duradera que llegó a Rut, Noemí y Booz fue comprada por la sangre de Cristo mil años después que se brindara la bendición. Sin Cristo, no hay remisión final del pecado. Y donde no hay remisión de pecado persiste la culpa. Y donde persiste la culpa, permanece la ira de Dios. Y donde permanece la ira de Dios no hay bendición duradera, sino solamente desdicha eterna.

Por consiguiente, la misma maravilla de la providencia misericordiosa de Dios para hacer de una moabita una antepasada de Jesús, se hizo posible mediante la muerte de Jesús por esa moabita en el Calvario. Las bendiciones de la sangre de Cristo fluyen hacia atrás y adelante en la historia. «Dios lo ofreció [a Jesús] como un sacrificio de expiación... para así demostrar su justicia. Anteriormente, en su paciencia, Dios había pasado por alto los pecados» (Romanos 3:25, NVI). En otras palabras, todos los pecados de Rut fueron puestos sobre Jesús cuando este murió. Y toda la ira de Dios hacia ella fue quitada. El Señor consideró a esta mujer como justa a causa de Cristo. Cristo fue la base para todo lo bueno que ella recibió. Y todo ello magnifica la gloria de Jesús.

CAPÍTULO DOS

BAJO LAS ALAS DE DIOS

Jehová recompense tu obra, y tu remuneración sea cumplida de parte de Jehová Dios de Israel, bajo cuyas alas has venido a refugiarte.

RUT 2:12

Rut 2

1 Tenía Noemí un pariente de su marido, hombre rico de la familia de Elimelec, el cual se llamaba Booz.

2 Y Rut la moabita dijo a Noemí: Te ruego que me dejes ir al campo, y recogeré espigas en pos de aquel a cuyos ojos hallare gracia. Y ella le respondió: Ve, hija mía.

3 Fue, pues, y llegando, espigó en el campo en pos de los segadores; y aconteció que aquella parte del campo era de Booz, el cual era de la familia de Elimelec.

4 Y he aquí que Booz vino de Belén, y dijo a los segadores: Jehová sea con vosotros. Y ellos respondieron: Jehová te bendiga.

5 Y Booz dijo a su criado el mayordomo de los segadores: ¿De quién es esta joven?

6 Y el criado, mayordomo de los segadores, respondió y dijo: Es la joven moabita que volvió con Noemí de los campos de Moab;

7 y ha dicho: Te ruego que me dejes recoger y juntar tras los segadores entre las gavillas. Entró, pues, y está desde por la mañana

hasta ahora, sin descansar ni aun por un momento.

8 Entonces Booz dijo a Rut: Oye, hija mía, no vayas a espigar a otro campo, ni pases de aquí; y aquí estarás junto a mis criadas.

9 Mira bien el campo que sieguen, y síguelas; porque yo he mandado a los criados que no te molesten. Y cuando tengas sed, ve a las vasijas, y bebe del agua que sacan los criados.

10 Ella entonces bajando su rostro se inclinó a tierra, y le dijo: ¿Por qué he hallado gracia en tus ojos para que me reconozcas, siendo yo extranjera?

11 Y respondiendo Booz, le dijo: He sabido todo lo que has hecho con tu suegra después de la muerte de tu marido, y que dejando a tu padre y a tu madre y la tierra donde naciste, has venido a un pueblo que no conociste antes.

12 Jehová recompense tu obra, y tu remuneración sea cumplida de parte de Jehová Dios de Israel, bajo cuyas alas has venido a refugiarte.

13 Y ella dijo: Señor mío, halle yo gracia delante de tus ojos; porque me has consolado, y porque has hablado al corazón de tu

sierva, aunque no soy ni como una de tus
criadas.

14 Y Booz le dijo a la hora de comer: Ven aquí, y
come del pan, y moja tu bocado en el vinagre.
Y ella se sentó junto a los segadores, y él le
dio del potaje, y comió hasta que se sació, y le
sobró.

15 Luego se levantó para espigar. Y Booz
mandó a sus criados, diciendo: Que recoja
también espigas entre las gavillas, y no la
avergoncéis;

16 y dejaréis también caer para ella algo de los
manojos, y lo dejaréis para que lo recoja, y
no la reprendáis.

17 Espigó, pues, en el campo hasta la noche, y
desgranó lo que había recogido, y fue como
un efa de cebada.

18 Y lo tomó, y se fue a la ciudad; y su sue-
gra vio lo que había recogido. Sacó también
luego lo que le había sobrado después de
haber quedado saciada, y se lo dio.

19 Y le dijo su suegra: ¿Dónde has espigado
hoy? ¿y dónde has trabajado? Bendito sea
el que te ha reconocido. Y contó ella a su
suegra con quién había trabajado, y dijo: El

nombre del varón con quien hoy he trabajado es Booz.

20 Y dijo Noemí a su nuera: Sea él bendito de
Jehová, pues que no ha rehusado a los vivos
la benevolencia que tuvo para con los que
han muerto. Después le dijo Noemí: Nuestro pariente es aquel varón, y uno de los que
pueden redimirnos.

21 Y Rut la moabita dijo: Además de esto me
ha dicho: Júntate con mis criadas, hasta
que hayan acabado toda mi siega.

22 Y Noemí respondió a Rut su nuera: Mejor
es, hija mía, que salgas con sus criadas, y
que no te encuentren en otro campo.

23 Estuvo, pues, junto con las criadas de Booz
espigando, hasta que se acabó la siega de la
cebada y la del trigo; y vivía con su suegra.

EL PUÑO DE DIOS HABÍA CAÍDO con fuerza sobre Noemí y su familia: una hambruna en Judá, una mudanza a Moab, la muerte de su esposo, el matrimonio de sus hijos con esposas extranjeras, diez años de aparente infertilidad en ambas nueras, luego la muerte de sus hijos, y la partida de una de sus nueras. Un golpe tras otro obligó a que Noemí dijera: «la mano de Jehová ha salido contra mí… en grande amargura me ha puesto el Todopoderoso» (1:13, 20).

Es más, Noemí estaba tan oprimida por los amargos designios de Dios en su vida que no podía ver las señales de esperanza cuando comenzaron a aparecer. Ella sabe que hay un Dios. Sabe que Él es soberano y que controla los asuntos personales y nacionales de los hombres. Además sabe que Dios la ha tratado de manera amarga. La vida de Noemí es trágica. Lo que ella no ve con los ojos del corazón es que en medio de todas las experiencias amargas, Dios está planeando la gloria de ella. Esto se aplica a todos los hijos del Señor. En medio de los tiempos más nefastos, Dios está planeando nuestra gloria. Si creyéramos esto y lo recordáramos, no seríamos tan ciegos como fue Noemí cuando Dios comenzó a revelar su gracia.

Dulce providencia invisible

Dulce providencia, así también como amarga, llegó a Noemí. Dios quitó el hambre y abrió un camino a casa. Le dio a esta mujer una nuera devota y amorosa que la acompañó. Además, el Señor resguardó a un pariente del esposo de Noemí, quien algún día se casaría con Rut y preservaría la línea de Noemí.

Sin embargo, estas providencias misericordiosas no parecen hacer que Noemí quiera salir de sus penas. Cuando regresó a Belén les dijo a las personas del pueblo: «Yo me fui llena, pero Jehová me ha vuelto con las manos vacías. ¿Por qué me llamaréis Noemí, ya que Jehová ha dado testimonio contra mí, y el Todopoderoso me ha afligido» (1:21). Así que Rut y la amargada Noemí se establecieron en Belén. En Rut 2, la misericordia divina se hace tan evidente que hasta Noemí la reconoce.

En los versículos 1-7, conocemos a Booz, vemos el carácter de Rut, y sentimos una providencia muy compasiva detrás de esta escena.

Un hombre saturado de Dios

Nos enteramos de que Booz es un pariente del marido de Noemí, Elimelec, que murió mucho tiempo atrás. Al instante, comprendemos que la situación no es tan deprimente como Noemí expresó en 1:11-13, cuando dio la impresión de que Rut y Orfa no tenían a nadie con quién casarse a fin de continuar la línea generacional de sus esposos. Para quien lee esta historia por primera vez, Booz es como una abertura brillante en la nube de amargura que pesa sobre Noemí. Esta abertura se ensanchará cada vez más y más.

Por ejemplo, en el versículo 1 leemos que Booz es un «hombre rico». Esta frase hebrea también se traduce como «valiente» (1 Samuel 16:18; 1 Crónicas 28:1), «valiente y esforzado» (1 Reyes 11:28) y «valeroso» (1 Samuel 9:1). Este es un claro elogio a la fortaleza, capacidad, valentía y prosperidad de Booz. Se trata de un hombre admirable.

Sin embargo, más importante que su reputación

es que Booz es un hombre de Dios. Vemos esto en el versículo 4, donde el autor hace una pausa para registrar un detalle incidental y decirnos cómo Booz saludaba a sus siervos. «Y he aquí que Booz vino de Belén, y dijo a los segadores: Jehová sea con vosotros. Y ellos respondieron: Jehová te bendiga». Si deseamos conocer la relación de un hombre con Dios, es útil averiguar cuán empapado está del Señor en los detalles de la vida cotidiana. Es evidente que Booz era un hombre tan saturado de Dios que tanto su negocio de agricultura como sus relaciones con los empleados estaban llenos del Señor. Booz saludaba a su gente con Dios. Y veremos que todo esto era mucho más que simples trivialidades.

Una mujer de iniciativa, humildad y diligencia

Además de conocer a Booz en los versículos 1-7, también vemos las cualidades del carácter de Rut, que serán cruciales en lo que este capítulo pretende enseñar.

Primero, Rut tomó la iniciativa de ocuparse de su suegra. Noemí no le ordenó que saliera a trabajar. La nuera le dice: «Te ruego que me dejes ir al campo, y recogeré espigas» (2:2). Rut se ha dedicado a Noemí con asombrosa devoción, y toma la iniciativa de trabajar y proveer para ella.

Segundo, Rut es humilde. Sabe cómo tomar la iniciativa sin ser arrogante. Los siervos informan a Booz cómo la moabita se les acercó esa mañana. La joven había pedido permiso para «recoger y juntar tras los segadores entre las gavillas» (2:7). Ella no pide limosna; ni siquiera supone el derecho de recoger en los bordes del campo. Lo único que quiere hacer es recoger las sobras detrás de los recolectores, y pide permiso hasta para hacer esto. Rut es como otra mujer extranjera que se acercó a Jesús y manifestó: «Sí, Señor; pero aun los perrillos comen de las migajas que caen de la mesa de sus amos» (Mateo 15:27). Jesús respondió a esto elogiando la fe de ella. Rut sabe cómo tomar la iniciativa, pero no es agresiva o presuntuosa, sino mansa y humilde.

Tercero, Rut es diligente. Es una trabajadora asombrosa. Los siervos de Booz le dicen: «Entró, pues, y está desde por la mañana hasta ahora, sin descansar ni aun por un momento» (2:7). El versículo 17 sigue diciendo que la joven recogió todo el día, y que luego antes de marcharse desgranó lo que había recogido, lo pesó, y se lo llevó a Noemí a casa.

No hay duda de que el escritor quiere que admiremos e imitemos a Rut. Ella toma la iniciativa para cuidar de su indigente suegra. Rut es humilde y mansa, y no se presenta con arrogancia. Además, trabaja duro desde que amanece hasta que anochece. Iniciativa. Humildad. Diligencia. Características dignas. Las volveremos a ver.

«Aconteció que...»

Pero antes de dejar los versículos 1-7, ¿sintió usted una providencia misericordiosa detrás de todo esto?

Observe el versículo 3: «Fue, pues, y llegando, espigó en el campo en pos de los segadores; y aconteció que aquella parte del campo era de Booz, el cual era de la familia de Elimelec». ¿«Aconteció» que Rut pasó por casualidad por el campo?

No tenemos que forjar ninguna teología de designio explícito en cada línea. A veces es bueno dejar algo ambiguo para darle al lector la oportunidad de llenar el espacio en blanco si lo ha captado. La respuesta se puede dar más adelante. Así será. Es más, Noemí, con su teología del carácter soberano de Dios, es la que dará la respuesta. Ella alaba al Señor que «no ha rehusado a los vivos la benevolencia que tuvo para con los que han muerto» (2:20). La respuesta es que Dios (su misericordioso designio) guía a Rut mientras esta recoge la provisión. *Aconteció que* Rut trabajó en un campo que pertenecía a Booz porque el Señor es compasivo y soberano, aunque esté en silencio. «De Jehová son los pasos del hombre; ¿cómo, pues, entenderá el hombre su camino?» (Proverbios 20:24).

Ahora Booz se acerca a Rut, y le muestra gran bondad, aunque es extranjera. El hombre provee alimento diciéndole que trabaje en su campo y que se mantenga junto a las criadas de él (2:8). Provee protección al decirles a los hombres que no la molesten (2:9). Además, provee para la sed de Rut al decirle que beba del agua que los hombres han sacado (2:9). Así que toda la riqueza y la bondad de Booz empiezan a girar hacia el bienestar de Rut.

¿Por qué he hallado gracia en tus ojos?

Ahora llegamos al intercambio más importante en el capítulo: los versículos 10-13. Rut plantea a Booz una pregunta que resulta ser muy profunda; es una pregunta que todos debemos hacer a Dios. Casi nada en nuestra vida es más importante que la respuesta que obtengamos.

«Ella entonces bajando su rostro se inclinó a tierra, y le dijo: ¿Por qué he hallado gracia en tus ojos para que me reconozcas, siendo yo extranjera?» (2:10). La joven sabe que es una moabita. Desde un punto de vista natural, ella está en gran desventaja; es extranjera. Rut no se resiente por esto, sino que lo acepta. Al no ser israelita, no espera un trato especial. Su respuesta a la bondad de Booz es humilde y sorprendente.

Rut es diferente a la mayoría de las personas modernas. Creemos tener derecho. Esperamos bondad y nos sorprendemos y resentimos si no obtenemos nuestros «derechos». Pero Rut expresa su sentimiento de indignidad bajando su rostro e inclinándose a tierra. A los individuos orgullosos no les sorprende que los traten bien. No sienten profunda gratitud. Pero las personas humildes sí lo hacen. Es más, se vuelven incluso más humildes si son tratadas con amabilidad. Les sorprende tanto recibir gracia en medio de su indignidad, que se sienten aun más humildes. Pero reciben el agasajo. El gozo aumenta, no la importancia personal. La gracia no busca reemplazar la humildad con orgullo. Busca reemplazar la tristeza con alegría.

«Jehová Dios de Israel, bajo cuyas alas has venido a refugiarte»

Nos estamos adelantando. Rut le pregunta a Booz por qué la trata con tanta amabilidad, o por qué Dios le ha ordenado a Booz que sea tan amable. «¿Por qué he hallado gracia en tus ojos para que me reconozcas, siendo yo extranjera?» (2:10). La respuesta de Booz es crucial para este capítulo, en realidad para el resto del libro:

> Y respondiendo Booz, le dijo: He sabido todo lo que has hecho con tu suegra después de la muerte de tu marido, y que dejando a tu padre y a tu madre y la tierra donde naciste, has venido a un pueblo que no conociste antes. Jehová recompense tu obra, y tu remuneración sea cumplida de parte de Jehová Dios de Israel, bajo cuyas alas has venido a refugiarte (2:11-12).

Observe: cuando Rut pregunta por qué se le muestra gracia, Booz no contesta diciendo que esta gracia no tiene condiciones. Responde al interrogante *¿por qué?* expresando: «Porque has amado tanto a Noemí que estuviste dispuesta a dejar padre y madre para servir a tu suegra en una tierra extraña».

¿Significa esto que el escritor desea que pensemos

que el amor de Rut por Noemí es una obra que merece el favor tanto de Booz como de Dios? ¿Quiere que pensemos en la gracia como una bondad que ganamos? No lo creo. Si Rut hubiera ganado el favor de Booz (y de Dios), entonces deberíamos pensar en ella como cierta clase de empleado que le presta un servicio a su empleador, y que el servicio prestado es tan valioso que él está en deuda con la mujer. Ella merece el pago. Esa no es la imagen que el escritor desea crear en nuestras mentes. El versículo 12 ofrece otra imagen que hace imposible la opinión de empleador-empleado.

Booz expone en el versículo 12 que Dios es realmente quien está recompensando a Rut por amar a Noemí. Booz es solo el instrumento del Señor, como Noemí nos lo hará saber en un momento. Pero ahora observe las palabras: «Jehová recompense tu obra, y tu remuneración sea cumplida de parte de Jehová Dios de Israel, bajo cuyas alas has venido a refugiarte». A pesar de la palabra «remuneración» (que podría traducirse como «pago» o «premio»), este versículo no nos anima a imaginar a Rut como una empleada de Dios que provee mano de obra necesaria y que luego Él como empleador la premia con un buen salario. La imagen que se presenta es la de Dios como una gran Águila con alas, y de Rut como un aguilucho amenazado que llega a encontrar refugio bajo las alas del Águila. La insinuación del versículo 12 es que el Señor recompensará a Rut debido a que ella ha buscado refugio bajo las alas de Dios.

Cómo Dios conserva el valor de su nombre

Esta es una enseñanza común en el Antiguo Testamento. Por ejemplo, Salmos 57:1 declara: «Ten misericordia de mí, oh Dios, ten misericordia de mí; porque en ti ha confiado mi alma, y en la sombra de tus alas me ampararé hasta que pasen los quebrantos». Observe la palabra *porque*. «Oh Dios, ten misericordia de mí; *porque* en ti ha confiado mi alma». ¿Por qué debería el Señor mostrarle misericordia a Rut? Porque ella ha buscado refugio en las alas de Dios.

La joven ha valorado la protección superior del Señor por sobre la de los demás. Ella ha puesto su corazón en Dios en busca de esperanza y gozo. Cuando alguien hace eso, el honor del Señor (no el valor de nuestra obra) está en juego, y Él será misericordioso. Si declaramos el valor de Dios como la fuente de nuestra esperanza, en lugar de declarar nuestro valor como una razón para la bendición del Señor, entonces su promesa inquebrantable con su propia gloria compromete todo su corazón para nuestra protección y alegría.

Booz oró pidiendo que Dios recompensara a Rut por todo lo que ella había hecho por su suegra. «Jehová recompense tu obra, y tu remuneración sea cumplida de parte de Jehová Dios de Israel, bajo cuyas alas has venido a refugiarte» (2:12). Ahora vemos que esta «recompensa» no es una clase de justificación por obras o de salvación por mérito. Vemos que la manera en que el Señor actúa es bendecir a quienes esperan en la obra de Él por ellos, no en la obra de ellos por Dios. «No se deleita en la fuerza del caballo, ni se complace en la agilidad del hombre. Se complace Jehová en los que... esperan en su misericordia» (Salmos 147:10-11).

El Señor actúa de este modo porque su justicia lo obliga a mantener el valor de su nombre. Por eso cuando llegamos a Él declarando el valor de su nombre, no el valor del nuestro, Él nos ayuda. «Por amor de tu nombre, oh Jehová, perdonarás también mi pecado, que es grande» (Salmos 25:11). Perdón y bendición llegan a aquellos que apartan la mirada de su propio valor y la ponen en el valor del nombre de Dios. «Por tu nombre, oh Jehová, me vivificarás; por tu justicia sacarás mi alma de angustia» (Salmos 143:11).

De ahí que estamos oyendo algo muy profundo, cuando Booz dice en efecto: «Rut, puesto que has venido a refugiarte bajo las alas del Señor, oro pidiendo que Él reivindique el poder y la gracia de sus alas y te conceda lo que necesitas».

Adonde el Águila se mueva yo me moveré

Pero debemos preguntar cómo el amor de Rut por Noemí y el hecho de que la joven haya abandonado su propia familia se relacionan con buscar refugio bajo las alas de Dios. La sugerencia más probable es que Rut pudo dejar el refugio de su padre y su madre en Moab porque había hallado un refugio mucho mejor:

bajo las alas de Dios. Es evidente que ella vio la necesidad en la vida de Noemí y sintió el llamado divino de suplírsela. El Águila se movió hacia Noemí, y a fin de seguir disfrutando del refugio de las alas de Dios, Rut también se mueve y se compromete a cuidar de Noemí con el cuidado que ella está recibiendo del Águila.

Cómo funciona la vida cristiana

Esta es la forma en que se supone que la vida cristiana funciona. Pedro y Pablo lo expresaron en sus maneras únicas. Pedro afirma: «si alguno ministra, ministre conforme al poder que Dios da, para que en todo sea Dios glorificado por Jesucristo» (1 Pedro 4:11). Nos refugiamos debajo de las alas de Dios y obtenemos nuestras fuerzas de Él. Con esas fuerzas servimos a otros (como Rut sirvió a Noemí). El Señor responde a esta clase de «fe que obra por el amor» (Gálatas 5:6) porque de este modo Él es glorificado.

De igual modo, Pablo declara: «Pero por la gracia de Dios soy lo que soy; y su gracia no ha sido en vano para conmigo, antes he trabajado más que todos ellos; pero no yo, sino la gracia de Dios conmigo» (1 Corintios 15:10). Pablo trabajó duro, así como Rut trabajó duro desde el amanecer hasta el anochecer. Pero él trabajó en las fuerzas de Dios. El apóstol había llegado bajo las alas de Dios, de quien estaba obteniendo su fortaleza. No obtuvo la gracia del Señor con su duro trabajo. La gracia hizo posible su duro trabajo. Así también ocurrió con Rut. Booz no quiso decir que ella encontró el favor de Dios debido al duro trabajo. Al contrario, Rut encontró favor con Dios al refugiarse bajo sus alas como una moabita indigna. Y ella estaba actuando en la fuerza de ese favor.

La fuente del amor que asume riesgos

Por consiguiente, la relación entre refugiarse bajo las alas de Dios, por una parte, y dejar el hogar para cuidar de Noemí, por otra parte, es que estar bajo las alas de Dios permitió que Rut abandonara el refugio humano y se entregara en amor a Noemí. Otra manera de decirlo es que salir de casa y amar a Noemí son el resultado y la evidencia de refugiarse en el Señor. Por eso dije en la introducción que uno de los propósitos de este libro es liberar el amor radical que asume riesgos. Esto llega como consecuencia de la humilde confianza en las poderosas y compasivas alas de Dios.

Así que volvamos ahora a la pregunta de Rut en el versículo 10: «¿Por qué he hallado gracia en tus ojos?». La respuesta es que ella se había refugiado bajo las alas de Dios y que esto le había proporcionado la libertad y el deseo de salir de casa y amar a Noemí. Ella no había ganado misericordia de parte de Dios o de Booz; no era empleada de ellos ni se le estaba pagando salario por un trabajo. Al contrario, Rut estaba honrando tanto a Dios como a Booz al admitir la necesidad que tenía de ayuda y al refugiarse en la generosidad que pudieran brindarle.

No «se necesita personal»

Este es el mensaje del evangelio bíblico. El Señor tendrá misericordia de cualquiera (palestino, israelí o estadounidense) que se humilla, igual que Rut, y que se refugia bajo las alas de Dios. Jesús manifestó:

> ¡Jerusalén, Jerusalén, que matas a los profetas, y apedreas a los que te son enviados! ¡Cuántas veces quise juntar a tus hijos, como la gallina a sus polluelos debajo de sus alas, y no quisiste! He aquí, vuestra casa os es dejada desierta (Lucas 13:34-35).

Lo único que los fariseos tenían que hacer era refugiarse bajo las alas de Jesús: debían dejar de justificarse (Lucas 10:29; 16:15; 18:9), de confiar en ellos mismos, y de glorificarse. Pero no lo hicieron. No siguieron el ejemplo de Rut. No cayeron sobre sus rostros delante de Jesús, ni se humillaron, ni se asombraron ante la gracia. No seamos como los fariseos, sino como Rut.

Cuando yo corría en mi vecindario solía ver una ilustración gráfica de esta diferencia. Durante varios años, mientras iba hacia el este sobre la avenida Franklin y luego hacia el sur sobre Cedar, pasaba por una ferretería. Allí había un letrero permanente de «Se necesita personal» atornillado encima de la puerta. Pero casi todas las veces que yo pasaba había un gran «NO» fijado encima de «Se necesita personal». Cada vez que lo veía me regocijaba en esta imagen del evangelio. La buena noticia es que Dios no necesita nuestra ayuda. El evangelio no es un anuncio de empleo.

Dios no es un empleador que busca empleados. Es un Águila en busca de personas que se refugien bajo sus alas. Él está buscando individuos que dejen padre, madre y patria o cualquier otra cosa que les podría impedir una vida de amor bajo las alas de Jesús.

Despertar a la bondad del Señor

Concluyamos este capítulo volviendo brevemente a Noemí. Booz le proporciona a Rut todo lo que ella quiere almorzar (2:14). La joven trabaja hasta el anochecer, regresa a donde está su suegra y le da lo que sobró del almuerzo y todo el grano. Rut le cuenta lo ocurrido con Booz (2:17-19). En este punto la teología de lo soberano le sirve bien a Noemí.

«Y dijo Noemí a su nuera: Sea él bendito de Jehová, pues que no ha rehusado a los vivos la benevolencia que tuvo para con los que han muerto» (2:20). ¿De quién es la bondad que ella está alabando? ¿De Booz o del Señor? Sin duda la mujer está alabando la bondad del Señor. Booz había empezado a mostrar bondad a los muertos. Fue Dios quien parecía haberlo olvidado. Pero la bondad del Señor no se ha olvidado de los vivos (Noemí y Rut) ni de los muertos (Elimelec, Mahlón y Quelión).

Fue el Señor quien detuvo el hambre, y fue Él quien unió en amor a Rut con Noemí. Fue el Señor quien preservó a Booz para Rut. No fue coincidencia que Rut llegara al campo de Booz. No fue coincidencia que Booz le mostrara favor a esta pobre extranjera. El Señor dirigió los pasos de la joven y el favor de este hombre. La luz del amor de Dios finalmente se abre paso con suficiente brillo para que Noemí la viera. El Señor es amable y bueno para con todo aquel que se refugia bajo sus alas.

Con Rut y Noemí, caigamos sobre nuestros rostros, humillémonos ante el Señor, confesemos nuestra falta de mérito, refugiémonos bajo las alas de Dios, y asombrémonos de la gracia divina.

CAPÍTULO TRES

JUSTICIA ESTRATÉGICA

Ahora pues, no temas, hija mía; yo haré contigo lo que tú digas, pues toda la gente de mi pueblo sabe que eres mujer virtuosa.

RUT 3:11

Rut 3

1 Después le dijo su suegra Noemí: Hija mía,
¿no he de buscar hogar para ti, para que te
vaya bien?

2 ¿No es Booz nuestro pariente, con cuyas
criadas tú has estado? He aquí que él
avienta esta noche la parva de las cebadas.

3 Te lavarás, pues, y te ungirás, y vistiéndote
tus vestidos, irás a la era; mas no te darás a
conocer al varón hasta que él haya acabado
de comer y de beber.

4 Y cuando él se acueste, notarás el lugar
donde se acuesta, e irás y descubrirás sus
pies, y te acostarás allí; y él te dirá lo que
hayas de hacer.

5 Y ella respondió: Haré todo lo que tú me
mandes.

6 Descendió, pues, a la era, e hizo todo lo que
su suegra le había mandado.

7 Y cuando Booz hubo comido y bebido, y su
corazón estuvo contento, se retiró a dormir
a un lado del montón. Entonces ella vino
calladamente, y le descubrió los pies y se
acostó.

8 Y aconteció que a la medianoche se estremeció aquel hombre, y se volvió; y he aquí, una mujer estaba acostada a sus pies.

9 Entonces él dijo: ¿Quién eres? Y ella respondió: Yo soy Rut tu sierva; extiende el borde de tu capa sobre tu sierva, por cuanto eres pariente cercano.

10 Y él dijo: Bendita seas tú de Jehová, hija mía; has hecho mejor tu postrera bondad que la primera, no yendo en busca de los jóvenes, sean pobres o ricos.

11 Ahora pues, no temas, hija mía; yo haré contigo lo que tú digas, pues toda la gente de mi pueblo sabe que eres mujer virtuosa.

12 Y ahora, aunque es cierto que yo soy pariente cercano, con todo eso hay pariente más cercano que yo.

13 Pasa aquí la noche, y cuando sea de día, si él te redimiere, bien, redímate; mas si él no te quisiere redimir, yo te redimiré, vive Jehová. Descansa, pues, hasta la mañana.

14 Y después que durmió a sus pies hasta la mañana, se levantó antes que los hombres pudieran reconocerse unos a otros; porque él dijo: No se sepa que vino mujer a la era.

15 Después le dijo: Quítate el manto que
traes sobre ti, y tenlo. Y teniéndolo ella, él
midió seis medidas de cebada, y se las puso
encima; y ella se fue a la ciudad.

16 Y cuando llegó a donde estaba su suegra, ésta
le dijo: ¿Qué hay, hija mía? Y le contó ella todo
lo que con aquel varón le había acontecido.

17 Y dijo: Estas seis medidas de cebada me dio,
diciéndome: A fin de que no vayas a tu sue-
gra con las manos vacías.

18 Entonces Noemí dijo: Espérate, hija mía,
hasta que sepas cómo se resuelve el asunto;
porque aquel hombre no descansará hasta
que concluya el asunto hoy.

Las nubes son grandes en misericordia

La historia de Rut comenzó con el amargo designio de Dios en la vida de Noemí cuando esta salió de su tierra y luego perdió a su esposo, a sus hijos y a una de las nueras. Pero también hubo designio bueno. El hambre se acabó en Judá, y Noemí pudo regresar a casa. Rut se comprometió a cuidar de Noemí. Al mismo tiempo un pariente llamado Booz fue preservado como esposo para Rut a fin de levantar una herencia para el nombre familiar. Sin embargo, el primer capítulo termina con Noemí abrumada por sus pérdidas: «en grande amargura me ha puesto el Todopoderoso» (1:20).

En el capítulo 2, la misericordia de Dios se revela con suficiente brillo para que hasta Noemí la vea. Conocemos a Booz, un hombre de valor, un hombre de Dios, y un pariente del esposo de Noemí. Vemos a Rut refugiándose bajo las alas de Dios en una tierra extranjera y siendo guiada misericordiosamente por el Señor al campo de Booz para recoger grano. Y vemos a Noemí recuperándose de su larga noche de abatimiento mientras se regocija en Dios: «Jehová... no ha rehusado a los vivos la benevolencia que tuvo para con los que han muerto» (2:20).

El capítulo 2 rebosa de esperanza. Booz es un hombre saturado de Dios tanto en sus relaciones comerciales como personales (2:4, 10-13). Rut es una mujer dependiente del Señor bajo las alas de Dios. Noemí es ahora una mujer que exalta al Señor y que se encuentra bajo la soberanía divina. Toda la desdicha del capítulo 1 se ha esfumado. Dios ha convertido la tristeza de Noemí en baile. «En grande amargura me ha puesto el Todopoderoso» (1:20) ha dado paso a: «Jehová... no ha rehusado a los vivos la benevolencia que tuvo para con los que han muerto» (2:20). Sin duda, la lección hasta aquí, al menos, es esta:

Oh santo temeroso, ¡anímate!
Las nubes que tanto temes,
Llenas de misericordia están
Y sobre ti bendiciones derramarán.[1]

Busquemos refugio bajo las alas de Dios, aunque estas solo emitan sombras, y justo a tiempo Dios nos permitirá mirar desde su nido de Águila hacia algún amanecer espectacular.

Esperanza: El lugar de nacimiento de los sueños

Al llegar al capítulo tres, tengamos en cuenta la frase *justicia estratégica*. La pregunta que este capítulo contesta es: *¿Qué hace un hombre saturado de Dios, una joven que depende de Dios, y una mujer mayor que exalta a Dios cuando todos ellos están llenos de esperanza en la bondad soberana del Señor?* La respuesta es que manifiestan lo que voy a llamar *justicia estratégica*.

Por *justicia* me refiero a un celo por hacer lo que es bueno y correcto, un celo por hacer lo adecuado cuando se toma en cuenta a Dios como un ser soberano y misericordioso. Por *estratégica* me refiero a que hay intención, propósito y planificación. Existe una clase de justicia inactiva que simplemente evita el mal, pero la *justicia estratégica* toma la iniciativa y sueña en cómo hacer las cosas de manera correcta.

Una de las lecciones que he aprendido de este capítulo es que la esperanza nos ayuda a soñar. Nos ayuda a pensar en maneras de hacer el bien. La esperanza nos ayuda a ejercer esas aventuras con virtud e integridad. Es la desesperanza lo que hace que las personas crean que deben mentir, robar y apoderarse de placeres ilícitos del momento. Pero la esperanza, basada en la confianza en que un Dios soberano está por nosotros, nos brinda un emocionante impulso al que denomino *justicia estratégica.* Vemos esta justicia estratégica en Noemí (3:1-5), en Rut (3:6-9), y en Booz (3:10-15). El capítulo concluye con Noemí llena otra vez de confianza en el poder y la bondad del Señor.

La descendencia de la esperanza de Noemí

Dos aspectos se destacan en la táctica de Noemí en 3:1-5. Uno es que ella tiene una estrategia; y el otro es la naturaleza misma de esa estrategia.

El simple hecho de que Noemí tenga una estrategia nos enseña algo. Las personas que se sienten víctimas casi nunca hacen planes. Mientras Noemí estaba oprimida, mientras solo podía expresar: «en grande amargura me ha puesto el Todopoderoso», no concebía estrategia para el futuro.

Uno de los terribles efectos de la depresión es la incapacidad de encaminarse voluntaria y esperanzadoramente hacia el futuro. Las estrategias de la justicia son el desbordamiento de la esperanza. Cuando en 2:20 Noemí despierta a la bondad de Dios, su esperanza se renueva, y lo que se desborda es justicia estratégica. A ella le preocupa encontrarle a Rut un lugar de provisión y protección. Así que forja un plan.

Una de las razones por las que debemos ayudarnos unos a otros a «esperar en Dios» (Salmos 42:5) es que únicamente personas con esperanza, familias con esperanza, e iglesias con esperanza planifican y hacen estrategias. Siento un llamado especial a impartir esperanza a la iglesia a la que sirvo. Las iglesias que no sienten esperanza desarrollan una mentalidad de conservación y actúan mecánicamente año tras año. Pero cuando una iglesia siente que la bondad soberana de Dios la observa y actúa, empieza a desarrollarse esperanza, y la justicia deja simplemente de ser eliminación del mal y se vuelve activa y estratégica.

Noemí toma la iniciativa de hallar un esposo para Rut. Pero la estrategia que se le ocurre es extraña, por decir lo menos. Ella dice que Booz es un pariente (3:2) y que, por tanto, es el probable candidato para ser el esposo de Rut; de ese modo el nombre y la herencia familiar se quedarán en la familia, según la costumbre hebrea.

El plan increíble

Así que el propósito de Noemí es claro: ganar para Rut un marido piadoso y un futuro seguro, y preservar la línea familiar. Por tanto, le sugiere a la joven que arregle su aspecto lo más limpio y atractivo posible, que vaya a la era de Booz, y que, después que él se vaya a dormir en la noche, ella se introduzca sigilosamente, levante la cobija, y se acueste a los pies del hombre. Todo el mundo, incluyendo a Rut, debe reaccionar pensando: «¿A dónde se supone que llevará eso?». A lo cual Noemí da la extraordinaria respuesta: «él te dirá lo que hayas de hacer» (3:4).

Una cosa está clara aquí, y otra no lo está. Es claro que esta es la manera de Noemí de intentar que Booz se case con Rut. No está claro por qué se debería hacer de este modo. ¿Por qué no una conversación con Booz en vez de esta maniobra tan provocativa y arriesgada en medio de la noche? ¿Era Noemí indiferente a la posibilidad de que Booz despidiera a Rut en indignación moral, o de que él pudiera ceder a la tentación y tener relaciones sexuales con la joven? ¿Quería Noemí que eso ocurriera? ¿O estaba tan segura de Booz y Rut, que sabía que se tratarían con perfecta pureza, que Booz se sentiría profundamente conmovido ante esta oferta directa de casarse con la moabita, y que evitaría tener relaciones sexuales hasta que todo estuviera debidamente formalizado por los ancianos de la ciudad?

El autor no da un paso al frente para decirnos por qué Noemí elige esta estrategia sexualmente tentadora a fin de ganar a Booz para Rut. Más adelante habrá una clave, pero por ahora el escritor parece querer que sintamos suspenso y ambigüedad. ¿Dónde exactamente se acostará Rut? «Y cuando él se acueste, notarás el lugar donde se acuesta, e irás y descubrirás sus pies, y te acostarás allí» (3:4). El hebreo es tan ambiguo como el castellano. ¿Perpendiculares? ¿Paralelos? ¿Sobrepuestos?

«Y él te dirá lo que hayas de hacer» (3:4). ¡Ajá! Sin embargo, ¿qué le pediría Booz a Rut que hiciera? Cualquiera que fuera el motivo de Noemí, la situación es tal que puede llevarnos a una escena apasionada e ilícita de relaciones sexuales, o a una asombrosa escena de pureza, integridad y dominio propio.

Justo riesgo de Rut

A continuación vemos la justicia estratégica de Rut en los versículos 6-9. Ella manifestó que seguiría todas las instrucciones de Noemí. «Haré todo lo que tú me mandes» (3:5). Pero Rut hace más. Noemí había dicho que Booz diría lo que la joven debía hacer. Antes de que eso sucediera, Rut le declara a Booz por qué ha venido. Ella está acostada a los pies de él bajo su manto. Booz despierta y pregunta: «¿Quién eres?». Rut contesta con palabras sugeridas por Noemí: «Yo soy Rut, tu sierva; extiende el borde de tu capa sobre tu sierva [literalmente "extienda tus alas sobre tu sierva"[2]], por cuanto eres pariente cercano» (3:9).

Rut no es simplemente una marioneta de Noemí. La joven ha ido de buena gana, y ahora toma la iniciativa de clarificar a Booz por qué está allí. «Eres pariente cercano», o literalmente: «Eres el redentor que puede impedir que nuestra herencia y nuestro nombre familiar desaparezcan. Quiero que cumplas ese papel para mí. Quiero ser tu esposa». Ella no lo dice abiertamente. En realidad, Rut es menos directa y más insinuadora y expresa: «Extiende el borde de tu capa sobre tu sierva». Si ahora Booz toma esto como un ofrecimiento de relaciones sexuales directas, o como algo más sutil y profundo, dependerá de cómo él valore el carácter de Rut. La fornicación era pecado tanto en el Antiguo Testamento (Levítico 19:29; Deuteronomio 22:13-21), como en el Nuevo (Mateo 15:19).

«Fuiste mía»

Dos aspectos, además del carácter de Rut, sugieren que algo sutil y profundo (no algo inmoral) está realmente pasando aquí. Uno es este: el único otro sitio en el Antiguo Testamento que habla de «extender el borde de la capa [literalmente, "extender las alas"]» se da con relación a los amantes y se encuentra en Ezequiel 16:8. Dios está describiendo a Israel como una joven doncella a quien Él tomó por esposa. «Y pasé yo otra vez junto a ti, y te miré, y he aquí que tu tiempo era tiempo de amores; y extendí mi manto sobre ti [literalmente "extendí mis alas sobre ti"], y cubrí tu desnudez; y te di juramento y entré en pacto contigo, dice Jehová el Señor, y fuiste mía». Si esta es alguna indicación de lo que Rut quería de Booz, la solicitud fue mucho más allá de las relaciones sexuales. Ella en realidad estaba diciendo: «Me gustaría ser aquella a quien prometieras tu fidelidad y a quien hicieras un pacto matrimonial».

«Extiende el borde de tu capa sobre tu sierva»

Pero allí hay algo más que eso, y esta es aquí la segunda indicación de sutileza y profundidad. Cuando

Rut declara: «Extiende el borde de tu capa sobre tu sierva», la expresión «borde de tu capa» en hebreo es la misma que Booz había usado antes en 2:12. Esta fue la frase clave en que nos enfocamos en el capítulo anterior. Booz le dice a Rut: «Jehová recompense tu obra, y tu remuneración sea cumplida de parte de Jehová Dios de Israel, bajo cuyas *alas* has venido a refugiarte». Lo que vimos fue que Booz resultó ser el agente de Dios para recompensar a Rut. Este hombre le dio a ella libre acceso a su campo, protección de los muchachos jóvenes, y agua del pozo. Rut le había preguntado a Booz: «¿Por qué he hallado gracia en tus ojos?». Y Booz contestó en efecto: «Porque te refugiaste bajo las alas de Dios».

¿Qué pasa entonces en el capítulo 3? He aquí mi sugerencia. Rut le había contado a Noemí acerca de las palabras de Booz. Y cuanto más reflexionaban las mujeres sobre lo que Booz había dicho, más se convencían de que estas palabras estaban cargadas con sutiles intenciones de amor. Lo que Booz realmente quería decir era: «Puesto que te refugiaste bajo las alas de Dios, eres la clase de mujer a quien deseo cubrir con mis alas».

No es fácil para un hombre mayor expresar amor a una mujer más joven. Sería doblemente humillante si ella lo rechazara: tanto por ser un hombre como por haber supuesto que una mujer más joven se interesaría en él. Booz lo hizo con acciones de bondad y delicadas palabras de respeto. Manifestó que la admiraba por refugiarse bajo las alas de Dios. Él actuó como si ella estuviera bajo sus alas, y esperó.

Una manera delicada de decir «sí»

Con el tiempo, Noemí y Rut idearon una respuesta muy cordial, al igual que profunda. Rut se acercará a Booz mientras este duerme en el campo de cereales donde la ha tomado bajo su cuidado, y le dirá que sí. Pero lo dirá con una actuación tan delicada como la acción y las palabras del hombre. Ella se pone bajo las alas de Booz, por así decirlo, y cuando él despierta, todo depende de una frase y de si Rut ha interpretado correctamente a Booz.

Imagino el pulso de ella acelerándose cuando él despertó. Luego vienen las palabras de suma importancia: «Yo soy Rut... extiende el borde de tu capa sobre tu sierva». Conjeturo un inmenso silencio por un momento mientras Booz reflexiona en lo que esta magnífica mujer había entendido realmente... en lo que había entendido de manera tan profunda y sensible. Un hombre maduro[3] está interesado en una joven viuda a quien discretamente llama «hija mía» (2:8; 3:10-11), inseguro de que el corazón de ella pudiera ir tras hombres más jóvenes, comunicándole un sutil mensaje verbal de que él desea ser para ella las alas de Dios. Luego la joven viuda lee gradualmente entre líneas y al final se arriesga a una interpretación de llegar en medio de la noche a refugiarse bajo las alas de las vestiduras masculinas. ¡Eso es algo muy poderoso! Cualquiera que crea que aquí intervienen una mujer fácil y una suegra manipuladora se está perdiendo algo hermoso. Todo el escenario es delicado. Todo es justo. Todo es estratégico.

El sexo estará subordinado a la justicia estratégica

Ahora viene la justicia estratégica de Booz en los versículos 10-15. Para oír de modo correcto lo que él dice debemos recordar que es medianoche, que los dos están bajo las estrellas, y que el hombre está mirando el rostro de la mujer que desea, cubierta con su propia capa junto a sus pies.

> Bendita seas tú de Jehová, hija mía; has hecho mejor tu postrera bondad que la primera, no yendo en busca de los jóvenes, sean pobres o ricos. Ahora pues, no temas, hija mía; yo haré contigo lo que tú digas, pues toda la gente de mi pueblo sabe que eres mujer virtuosa (3:10-11).

Entonces viene un mensaje de gran justicia y dominio propio. En realidad Booz dice: «Según la costumbre, Rut, hay otro que tiene prioridad en reclamarte, y no podré proceder hasta que se resuelvan debidamente todas las cosas con él».

> Y ahora, aunque es cierto que yo soy pariente cercano, con todo eso hay pariente más cercano que yo. Pasa aquí la noche, y cuando sea de día,

> si él te redimiere, bien, redímate; mas si él no te quisiere redimir, yo te redimiré, vive Jehová. Descansa, pues, hasta la mañana (3:12-13).

Las estrellas brillan hermosas en lo alto, es medianoche, Booz desea a Rut, ella lo desea a él, están solos, ella está debajo de su capa... y él se detiene por el bien de la justicia y no la toca. ¡Qué hombre! ¡Qué mujer!

Deje que el amanecer resplandezca sobre su pureza

El capricho de la vida moderna estadounidense es: *Si te sientes bien, hazlo; y suprime todos los principios puritanos de castidad y fidelidad que producen culpa.* Sin embargo, yo le digo a los solteros: si las estrellas están brillando con hermosura, la sangre le está palpitando como un martillo, y usted está seguro en la privacidad del lugar donde se encuentra, deténgase... por el bien de la justicia. Deje que el amanecer resplandezca sobre su pureza.

Concluyo este capítulo rogándole que resista igual que Booz y Rut en su compromiso de no tener relaciones sexuales fuera del matrimonio. Sé que muchas personas ya han fallado. Pero hay esperanza de perdón. Cuando el apóstol Pablo describió la iglesia en Corinto incluyó a «los fornicarios», a «los adúlteros», y a «los que se echan con varones [los homosexuales]», junto con ladrones, avaros, borrachos y estafadores. Pero luego expresó: «Y esto erais algunos; mas ya habéis sido lavados, ya habéis sido santificados, ya habéis sido justificados en el nombre del Señor Jesús, y por el Espíritu de nuestro Dios» (1 Corintios 6:9-11). Si usted ha fallado sexualmente, hay perdón y limpieza en el descendiente de Rut y Booz: Jesucristo.

Pero para quienes aún no han tenido relaciones sexuales fuera del matrimonio, en realidad para todos aquellos que esperan luchar por la santidad futura, les ruego, por su propio bien y para la gloria de Cristo, que adopten la justicia estratégica de Rut y Booz. Ellos son modelos de amor profundo, fuerte, justo y apasionado... mejores modelos que políticos y estrellas de cine.

La pureza del momento y los propósitos de la eternidad

Pongamos esa noche en un contexto más amplio. Lo que está sucediendo en este triunfo fenomenal de la pureza es hechura del antepasado de Jesús. Rut está a punto de entrar con pureza y justicia, por medio de Booz, en una línea que dará a luz a Jesucristo. La pureza del momento y los propósitos de la eternidad se juntan en este momento santo. No se lo pierda. Es relevante para usted y para su vida sexual.

Quizás usted esté allá en la aparente reclusión y seguridad de su apartamento o en la carretera donde nadie lo conoce. Tal vez ella parece muy dispuesta, o podría estar ya en su cama. En ese momento es posible un justo y grandioso acto de hombría. Dígale: «Puesto que te amo, que amo a Dios, y que he visto la conexión entre la alta pureza y los propósitos históricos, esperaremos».

Le prometo que Dios honrará eso. Lo honrará más de lo que usted puede imaginar. El Señor honró la justicia estratégica de Booz y Rut con el último capítulo de la historia. Esta culmina en la promesa de un rey venidero a través de Booz y una moabita. «Booz engendró a Obed, Obed engendró a Isaí, e Isaí engendró a David», y de David descendió el Mesías, Jesucristo (4:21-22; Mateo 22:41-46).

Permita que la hermosa justicia del arriesgado plan de Noemí despierte su creatividad en la causa de la pureza. Deje que el delicado discernimiento que Rut tuvo del corazón de este hombre mayor profundice su sabiduría en los máximos valores de la vida. Permita que la enorme voluntad de Booz en el servicio de la justicia estratégica despierte en usted una visión grande y noble en relación a la vida sexual: «Esperaremos. Esperaremos hasta que todo se haga con justicia conforme a la palabra de Dios».

Las tentaciones sexuales de nuestra época son dominantes y poderosas, exactamente como lo fueron esa noche en Belén (2:4; 4:11). Belén... ¡piense en ello! Quizás este triunfo de la pureza se llevó a cabo cerca del mismo lugar donde, mil años después, una virgen daría a luz a Jesús, hijo de David, hijo de

Isaí, hijo de Obed, hijo de una unión pura entre Booz y Rut.

«Sé dónde estoy parado»

Cuando oiga las burlas de quienes creen que usted está loco por no haber tenido relaciones sexuales fuera del matrimonio, imagine a Booz y Rut mirando desde el cielo con su hombría y su feminidad enormemente fuertes y santas, glorificadas en fortaleza, valor, justicia y propósito. Entonces, diga a los burladores: «No. Sé dónde estoy parado. Sé de qué trata la vida. Sé cómo la pureza se relaciona con los grandes propósitos de Dios. Conozco los orígenes y la justicia de Jesucristo. Decido esperar».

Y si esperar significa no tener nunca relaciones sexuales en esta vida, entonces prepárese para estar entre la cantidad de personas que se unen a Jesucristo en ese salón de la fama. Él nunca tuvo relaciones sexuales, pero es el ser humano más completo que ha existido.

No sea como el mundo; sea como Booz o como Rut: profundos en amor, delicados y perceptivos en comunicación, poderosos en dominio propio y comprometidos con la justicia estratégica.

CAPÍTULO CUATRO

QUE MI REDENTOR SEA CELEBRADO

Loado sea Jehová, que hizo que no te faltase hoy pariente, cuyo nombre será celebrado en Israel.

Rut 4:14

Rut 4

1 Booz subió a la puerta y se sentó allí; y he
aquí pasaba aquel pariente de quien Booz
había hablado, y le dijo: Eh, fulano, ven acá
y siéntate. Y él vino y se sentó.

2 Entonces él tomó a diez varones de los
ancianos de la ciudad, y dijo: Sentaos aquí.
Y ellos se sentaron.

3 Luego dijo al pariente: Noemí, que ha vuelto
del campo de Moab, vende una parte de las
tierras que tuvo nuestro hermano Elimelec.

4 Y yo decidí hacértelo saber, y decirte que la
compres en presencia de los que están aquí
sentados, y de los ancianos de mi pueblo. Si
tú quieres redimir, redime; y si no quieres
redimir, decláramelo para que yo lo sepa;
porque no hay otro que redima sino tú, y yo
después de ti. Y él respondió: Yo redimiré.

5 Entonces replicó Booz: El mismo día que
compres las tierras de mano de Noemí,
debes tomar también a Rut la moabita,
mujer del difunto, para que restaures el
nombre del muerto sobre su posesión.

6 Y respondió el pariente: No puedo redi-
mir para mí, no sea que dañe mi heredad.

Redime tú, usando de mi derecho, porque yo no podré redimir.

7 Había ya desde hacía tiempo esta costumbre en Israel tocante a la redención y al contrato, que para la confirmación de cualquier negocio, el uno se quitaba el zapato y lo daba a su compañero; y esto servía de testimonio en Israel.

8 Entonces el pariente dijo a Booz: Tómalo tú. Y se quitó el zapato.

9 Y Booz dijo a los ancianos y a todo el pueblo: Vosotros sois testigos hoy, de que he adquirido de mano de Noemí todo lo que fue de Elimelec, y todo lo que fue de Quelión y de Mahlón.

10 Y que también tomo por mi mujer a Rut la moabita, mujer de Mahlón, para restaurar el nombre del difunto sobre su heredad, para que el nombre del muerto no se borre de entre sus hermanos y de la puerta de su lugar. Vosotros sois testigos hoy.

11 Y dijeron todos los del pueblo que estaban a la puerta con los ancianos: Testigos somos. Jehová haga a la mujer que entra en tu casa como a Raquel y a Lea, las cuales edificaron

la casa de Israel; y tú seas ilustre en Efrata, y seas de renombre en Belén.

12 Y sea tu casa como la casa de Fares, el que Tamar dio a luz a Judá, por la descendencia que de esa joven te dé Jehová.

13 Booz, pues, tomó a Rut, y ella fue su mujer; y se llegó a ella, y Jehová le dio que concibiese y diese a luz un hijo.

14 Y las mujeres decían a Noemí: Loado sea Jehová, que hizo que no te faltase hoy pariente, cuyo nombre será celebrado en Israel;

15 el cual será restaurador de tu alma, y sustentará tu vejez; pues tu nuera, que te ama, lo ha dado a luz; y ella es de más valor para ti que siete hijos.

16 Y tomando Noemí el hijo, lo puso en su regazo, y fue su aya.

17 Y le dieron nombre las vecinas, diciendo: Le ha nacido un hijo a Noemí; y lo llamaron Obed. Este es padre de Isaí, padre de David.

18 Estas son las generaciones de Fares: Fares engendró a Hezrón,

19 Hezrón engendró a Ram, y Ram engendró a Aminadab,

20 Aminadab engendró a Naasón, y Naasón engendró a Salmón,

21 Salmón engendró a Booz, y Booz engendró a Obed,

22 Obed engendró a Isaí, e Isaí engendró a David.

La vida es un camino montañoso

En cierto nivel, el mensaje del libro de Rut es que la vida de los piadosos no es una línea recta hacia la gloria, pero estos llegan allá. La vida de los piadosos no es una autopista que atraviesa Nebraska, sino una carretera estatal a través de las montañas Blue Ridge de Tennessee. Hay derrumbes, precipicios, niebla espesa, osos y curvas resbaladizas y muy cerradas que hacen retroceder para poder seguir adelante. Pero a lo largo de esta carretera peligrosa y llena de curvas que no permite ver muy lejos hay frecuentes letreros que dicen: «Lo mejor aún está por venir».

Tomada en conjunto, la historia de Rut es uno de esos letreros. Fue escrita para darnos aliento y esperanza en que todas las desconcertantes curvas de nuestras vidas nos llevan hacia alguna parte buena. No conducen a un precipicio. En todos los reveses de nuestra vida como creyentes, Dios está trazando nuestro gozo.

Los zigzagueos en nuestro camino a casa

Tomado en sus partes, el libro de Rut es una serie de reveses a los que llamamos sendas serpenteantes en la carretera montañosa. Nos preguntamos cómo resultará. ¿Nos llevará esta carretera realmente a casa?

En el capítulo 1, Noemí, su esposo y sus dos hijos se vieron obligados a abandonar su tierra natal de Judá a causa de la hambruna. Luego el esposo de Noemí muere. Sus hijos se casan con mujeres moabitas, y durante diez años las mujeres resultan ser estériles. Entonces, los dos hijos mueren, dejando dos viudas en la casa de Noemí. A pesar de que Rut se aferra a Noemí, el capítulo termina con la amarga queja de esta última: «Yo me fui llena, pero Jehová me ha vuelto con las manos vacías... [E]l Todopoderoso me ha afligido».

En el capítulo 2, Noemí está llena de nueva esperanza porque Booz aparece en escena como un posible esposo para Rut. Pero él no se le insinúa a Rut. No hace ninguna movida. Al menos así es como parece al principio. Por tanto, el capítulo se cierra lleno de entusiasta esperanza, pero también con gran suspenso e incertidumbre respecto a cómo podría resultar todo esto.

En el capítulo 3, Noemí y Rut realizan una arriesgada jugada en medio de la noche. Rut acude a Booz que se encuentra en la era, y en efecto le dice: «Quiero que extienda sus alas sobre mí como mi esposo». Pero justo cuando la tragedia de la viudez de Rut parece resolverse en una hermosa historia de amor, una enorme roca echa a andar en la carretera estatal de la vida de Rut. Otro hombre, no Booz, tiene prioridad para pretender casarse con ella. El impecablemente honorable Booz no procederá sin ofrecer a este hombre su oportunidad legal. De modo que el capítulo concluye en el suspenso de otra adversidad.

La vida no es una línea recta que conduce de una bendición a la siguiente y luego finalmente al cielo; es un camino sinuoso y lleno de obstáculos. Zigzagueo tras zigzagueo. Y lo importante de historias bíblicas como las de José, Job y Rut es que nos ayudan a sentir en nuestro ser (no solo a saberlo en nuestras cabezas) que Dios está por nosotros en todas estas extrañas curvas. Él no solo aparece detrás del problema y lo soluciona, sino que está planificando el curso y manejando los problemas con propósitos de gran alcance para nuestro bien y para la gloria de Jesucristo.

La amenaza de la justicia inoportuna

Después del encuentro de medianoche en el capítulo 3, Booz va a la puerta de la ciudad donde se realizan los negocios de la ciudad. El pariente más cercano llega, y Booz le expone la situación. Noemí está renunciando a la pequeña propiedad que tiene, y el deber del pariente más cercano es comprarla para que la herencia se quede en la familia. Para nuestra consternación, el pariente declara: «Yo redimiré» (4:4).

No queremos que este hombre la redima. Queremos que Booz lo haga. Así que de nuevo parece haber una adversidad. Y la ironía de este revés es que lo ocasiona la justicia. Booz está haciendo lo correcto. Este otro individuo está haciendo lo correcto. A veces la carretera a través de las Montañas Blue Ridge está totalmente obstruida, no con rocas u osos, sino con buenos obreros que solo están cumpliendo su deber. La causa de nuestras frustraciones no es solamente el pecado, sino también (¡según parece!) la justicia inoportuna.

Justo cuando estamos a punto de exclamar: «¡Oh, no! ¡Detengan la historia! ¡No permitan que este otro tipo se lleve a Rut!», Booz advierte al pariente más cercano, en mi paráfrasis del versículo 5: «¿Ya sabes, verdad, que Noemí tiene una nuera? Por tanto, si vas a hacer tu parte como pariente redentor, también debes tomarla como tu esposa y criarle descendencia en el nombre de su esposo Mahlón». Entonces, para nuestro gran alivio, el pariente declara que no puede hacer eso (4:6). Tal vez ya esté casado. Cualquiera que sea la razón, vitoreamos en el fondo cuando Booz supera el obstáculo en la carretera de Blue Ridge y se va a toda prisa a la fiesta de bodas con la hermosa joven Rut del brazo.

El obstáculo de la esterilidad

Pero hay otro obstáculo en esta carretera feliz. Rut es estéril. O al menos parece que así es. De vuelta al capítulo 1, se nos dice que ella había estado casada durante diez años con Mahlón, y que no tuvieron hijos (1:4). Así que la incertidumbre aún no ha desaparecido. Pero la nube sobre la cabeza de Rut y Booz es grande en misericordia y estalla con bendición sobre sus cabezas.

Los jubilosos amigos de Booz y Rut oran por los recién casados.

> Jehová haga a la mujer que entra en tu casa como a Raquel y a Lea, las cuales edificaron la casa de Israel; y tú seas ilustre en Efrata, y seas de renombre en Belén. Y sea tu casa como la casa de Fares, el que Tamar dio a luz a Judá, por la descendencia que de esa joven te dé Jehová (4:11-12).

Ellos saben que Raquel y Lea fueron alternativamente estériles y fructíferas, y que fue Dios quien les abrió y cerró las matrices. «Y vio Jehová que Lea era menospreciada, y le dio hijos; pero Raquel era estéril» (Génesis 29:31). Luego «[Vio], pues, Lea, que había dejado de dar a luz» (30:9). «Y se acordó Dios de Raquel, y la oyó Dios, y le concedió hijos» (30:22). Estos amigos de Booz también sabían que Raquel y Lea fueron las grandes matriarcas de Israel. Ellas y sus siervas dieron a luz a los doce patriarcas de Israel.

Por tanto, la oración de que Rut fuera como Raquel y Lea fue una súplica no solo para que Dios abriera la matriz de Rut, sino también para que ella tomara su lugar en la línea de Israel que llevaría al Mesías. Este fue el significado final de la oración que hicieron los amigos para que Booz, por medio de su matrimonio con Rut, fuera «ilustre en Efrata [Belén]». Allí es en realidad donde nacería el más grande entre todos los hijos de Rut. «Booz, pues, tomó a Rut, y ella fue su mujer; y se llegó a ella, y Jehová le dio que concibiese y diese a luz un hijo» (Rut 4:13).

Se cierra el círculo para Noemí

Pero ahora hay un sorprendente cambio en el capítulo 4. Observe cómo el enfoque en los versículos 14-17 no está en absoluto en Rut ni en Booz, sino en Noemí y el niño. ¿Por qué?

La historia comienza con las pérdidas de Noemí, y termina con la ganancia de ella. Empieza con muerte y termina con nacimiento. Un hijo ha nacido. ¿De quién es ese hijo? Diríamos: por supuesto, es el hijo de Rut... de ella y Booz. Pero eso no es lo que dice sino: «le ha nacido un hijo a Noemí» (4:17). ¡El niño no solo es de Rut, sino también de Noemí!

¿Por qué dice eso allí? Para clarificar el cambio total de la situación de Noemí. Ella había dicho en Rut 1:21: «Yo me fui llena, pero Jehová me ha vuelto con las manos vacías». Sin embargo, ahora está llena, y el Señor le ha dado un hijo por medio de Rut. Dios estaba obrando en los peores momentos para producir esta maravillosa evolución de los acontecimientos. Si confiáramos sin reservas en el Señor, como hizo Rut, descubriríamos que todas nuestras quejas contra Él son injustificadas. Nuestro destino podría ser amargo, pero Dios está actuando para nuestro bien, tanto si podemos verlo como si no.

¿Es *gloria* una palabra demasiado grande?

El libro de Rut se escribió para ayudarnos a ver las señales de la gracia en nuestras vidas, señales que son visibles. También se escribió para ayudarnos a confiar en la gracia de Dios cuando la niebla es tan espesa que no podemos ver la carretera, por no hablar de las señales a los lados. Una y otra vez en este libro Dios actúa en medio de las adversidades de Noemí. Cuando esta perdió a su marido y a sus hijos, el Señor le dio a Rut. Cuando no podía pensar en ningún pariente que le diera descendencia familiar, Dios le dio a Booz. Cuando la estéril Rut se casó con Booz, el Señor le dio un niño. La vida del piadoso no es una línea recta de gloria, pero Dios se encarga de que llegue a su destino.

Usted podría creer que la palabra *gloria* es un poco exagerada. Después de todo solo se trata de un niño, una abuela cargando un niñito después de una vida difícil de mucha angustia. Pero ese no es el final de la trama. El alcance de la historia es mucho más fabuloso que la vida de Noemí... o que nuestras vidas.

En 1912, John Henry Jowett, entonces pastor de la Quinta Iglesia Presbiteriana en Nueva York, impartía las conferencias de Yale sobre predicación. Un pasaje en una de sus charlas describe en qué consiste la gran predicación. Esto es importante aquí porque nos ofrece una visión de lo que el autor del libro de Rut estaba haciendo cuando finalizó su historia. Un gran predicador, afirma Jowett, es el que puede

> contemplar el horizonte y no un campo vallado o un paisaje local. Tiene una maravillosa manera de relacionar cada asunto con eternidad pasada y con eternidad venidera... Es como si estuviéramos mirando un poco de madera esculpida en la ventana de una aldea suiza, y al levantar la mirada viéramos el bosque donde creció la madera y, más arriba aún, ¡las nieves perpetuas! Sí, así ocurrió con Binney y Dale, y también con Bushnell, Newman y Spurgeon, quienes estuvieron siempre dispuestos a detenerse ante la ventana de la aldea, pero también vincularon siempre las calles con las alturas, y enviaron nuestras almas a pasear por sobre las colinas eternas del Señor.[1]

Si esta narración de Rut terminara solo en una pequeña aldea judía con una vieja abuela cargando a su nieto recién nacido, *gloria* sería una palabra demasiado grande. Pero el autor no deja el asunto ahí, sino que levanta los ojos a los montes y a las nieves montañosas de la historia redentora.

Preparación del linaje del Rey supremo

En 4:17 leemos simplemente que este niño llamado Obed fue el padre de Isaí, y que Isaí fue el padre de David. De pronto comprendemos que todo el tiempo algo más grande ha estado urdiéndose más allá de lo que pudimos imaginar. Dios no solo estaba planificando la bendición temporal de unos pocos judíos en Belén. Él ha estado preparando la venida del más grande rey que Israel tendría: David.

Y el nombre de David viene con la esperanza del Mesías, de una nueva época, de paz, justicia y libertad del dolor y del llanto, del sufrimiento y de la culpa. Esta sencilla historia se abre como un riachuelo que entra a un océano de esperanza.

De David a Jesús

Jesús es Aquel que hizo esta conexión para nosotros entre David y Él mismo.

> Y estando juntos los fariseos, Jesús les preguntó, diciendo: ¿Qué pensáis del Cristo? ¿De quién es hijo? Le dijeron: De David. El les dijo: ¿Pues cómo David en el Espíritu le llama Señor, diciendo: Dijo el Señor a mi Señor: Siéntate a

> mi derecha, hasta que ponga a tus enemigos por estrado de tus pies? Pues si David le llama Señor, ¿cómo es su hijo? Y nadie le podía responder palabra; ni osó alguno desde aquel día preguntarle más (Mateo 22:41-46).

Lo importante de lo que Jesús dijo fue que Él mismo es el hijo de David y que Él es mucho más que simplemente un hijo humano de David. David lo llama *Señor*. Por tanto, ¿cómo es que Él es su hijo? Jesús quiere que veamos que ya en el Antiguo Testamento (Salmos 110:1) nos enteramos de que la venida del Mesías, como el hijo de David, sería muchísimo más de lo que los fariseos creían. Él sería el hijo de David y el *Señor* de David.

¿Quién es el Redentor?

¿Vio el escritor del libro de Rut la grandeza del futuro implicado en la referencia a David? Podría ser que el escritor viera incluso más. Leamos estas asombrosas palabras:

> Y las mujeres decían a Noemí: Loado sea Jehová, que hizo que no te faltase hoy pariente [redentor], cuyo nombre será celebrado en Israel; el cual será restaurador de tu alma, y sustentará tu vejez; pues tu nuera, que te ama, lo ha dado a luz; y ella es de más valor para ti que siete hijos (Rut 4:14-15).

Lo asombroso aquí es que el «redentor» es el bebé. Al principio podríamos pensar que la palabra «pariente [redentor]» aquí (4:14) se referiría a Booz (3:9, 12), puesto que es él quien «redimió» la propiedad y el nombre del esposo de Noemí. Pero esa no es la manera natural de entender los versículos 14-15. Las palabras *el cual* al principio del versículo 15 se refieren al «pariente [redentor]» en el versículo 14, y no se refiere a Booz. «El cual será restaurador de tu alma, y sustentará tu vejez». Eso es lo que el niño hará, no Booz.

Alabado y redimido a través de Jesucristo

¿Por qué entonces a este niño se le llama *redentor*? En cierto nivel, él simplemente redime a Noemí de la desesperanza en su vejez. Restaura a la mujer y le da vida a su corazón desesperado. Pero hay otro nivel de significado. Este niño será el abuelo de David (4:22), quien recibe la promesa de que su descendiente gobernará sobre un reino eterno (2 Samuel 7:13), y el nombre de este niño será alabado en Israel (Rut 4:14). Estos dos aspectos (ser alabado y ser la conexión con David) tal vez estén vinculados. Que este niño sea alabado no será fundamentalmente en sí mismo; esto vendrá a través de su descendiente, David, y a través del descendiente de David, el Mesías.

Todo eso sugiere que el papel de redentor en el niño tampoco es en sí mismo, sino a través de su descendencia. Él redimirá al producir un redentor.

Desde nuestro punto de vista con mayor revelación bíblica podemos ver esto primero en las grandes liberaciones de David, y después más allá de él en la redención mayor de todas: la redención a través del hijo de David, Jesucristo. «Cristo nos redimió de la maldición de la ley» (Gálatas 3:13); «quien se dio a sí mismo por nosotros para redimirnos de toda iniquidad» (Tito 2:14). «Bendito el Señor Dios de Israel, que ha visitado y redimido a su pueblo» (Lucas 1:68).

Miremos hacia un significado más lejano

En cierto nivel, la historia de Rut trata del designio dulce y amargo de Dios. Él gobierna sobre la hambruna, el matrimonio de los hijos de Noemí con mujeres extranjeras, la muerte de su esposo y sus hijos, la fidelidad de Rut, la disponibilidad y la nobleza de Booz, y el nacimiento de un niño con el fin de preservar la línea de Elimelec. La narración muestra que Dios actúa en los momentos más adversos para el bien de su pueblo. La vida de los creyentes no es un sendero recto hacia la gloria, pero ellos sí llegan a ese destino.

Pero en otro nivel, la historia trata de algo mucho más grande que una familia con sus tristezas y alegrías. Tiene que ver con el plan del Señor para glorificar su gracia en el Hijo de David, el Mesías, el Redentor: Jesucristo. Rut, Noemí y Booz se ven envueltos en algo que tiene significado eterno. *Gloria* no es una palabra demasiado grande para los destinos implícitos en esta historia.

Veámonos en la indigna Rut

La aplicación de esta gloria para nosotros se puede sentir más personalmente cuando nos enfocamos en la misma Rut. ¿Cómo estamos incluidos? Todas las calamidades de esta historia parecen estar diseñadas para introducir a una moabita en la genealogía de Jesús. Rut es una de las cuatro mujeres mencionadas en la genealogía que presenta Mateo 1:5. Dios buscó a la moabita. Se podría decir que Él puso al mundo al revés para incluir a Rut en el linaje de su Hijo.

Esto sin duda es importante para nosotros. ¿No significa esto que las bendiciones del Señor son gratuitas e inmerecidas? Rut era una moabita idólatra antes de que Dios la buscara (Rut 1:15). Ella no merecía esta búsqueda; fue un regalo. Esa es la manera en que el Señor nos busca a usted y a mí. «No me elegisteis vosotros a mí, sino que yo os elegí a vosotros» (Juan 15:16).

Hagamos de Cristo un moabita

No solo eso, sino que Dios movió al mundo entero para incluir a una extranjera en el linaje del Mesías. Rut no era judía. ¿Acaso nos está mostrando Dios que su corazón está por las naciones... por todas ellas? La gloria de Cristo es que Él viene de las naciones y muere por las naciones; su sangre fue derramada por las naciones, y la sangre de las naciones corre por sus venas. El sumo sacerdote judío profetizó mejor de lo que sabía en Juan 11:51-52 «que Jesús había de morir por la nación; y no solamente por la nación, sino también para congregar en uno a los hijos de Dios que estaban dispersos». «Tú fuiste inmolado, y con tu sangre nos has redimido para Dios, de todo linaje y lengua y pueblo y nación» (Apocalipsis 5:9).

La obra redentora de Cristo es gratuita e inmerecida. Está dirigida a todos los grupos étnicos del planeta. Todos los impulsos etnocéntricos y racistas están crucificados en Cristo. De eso, también, trata la historia de Rut.

Planificación de Cristo a través de gran maldad

Hay una consecuencia más de esta narración que quiero extraer, y no es evidente hasta que se la haya señalado. Entonces, es sorprendente. El escritor de esta historia pretende mostrar que Dios estaba actuando en la época de los jueces (1:1) a fin de preparar el camino para David el rey (4:22). El primer versículo y el último del libro clarifican esto.

Pero durante el tiempo de los jueces no había reyes. Es más, durante esa época era pecado pedir un rey. Sin embargo, casi al final de este período el pueblo pidió un rey.

> Entonces todos los ancianos de Israel se juntaron, y vinieron a Ramá para ver a Samuel, y le dijeron: He aquí tú has envejecido, y tus hijos no andan en tus caminos; por tanto, constitúyenos ahora un rey que nos juzgue, como tienen todas

> las naciones. Pero no agradó a Samuel esta palabra que dijeron: Danos un rey que nos juzgue. Y Samuel oró a Jehová. Y dijo Jehová a Samuel: Oye la voz del pueblo en todo lo que te digan; porque no te han desechado a ti, sino a mí me han desechado, para que no reine sobre ellos (1 Samuel 8:4-7).

Pedir un rey significaba que estaban rechazando a Dios como su rey. Samuel declara que esto fue una gran perversidad: «es grande vuestra maldad que habéis hecho ante los ojos de Jehová, pidiendo para vosotros rey» (1 Samuel 12:17).

No obstante, el libro de Rut está escrito con un claro sentido de gozo de que Rut, Noemí y Booz sean los antepasados del rey de Israel. Por tanto, en el mismo período en que era gran perversidad pedir un rey, el Señor estaba preparando dar al pueblo un rey. Se supone que debemos concluir que, sin que apruebe el pecado, Dios gobierna las acciones pecaminosas de los hombres para el propio bien del Señor y de sus sabios propósitos. Él estaba planificando que Israel tuviera un rey, aunque al pueblo le era pecado exigir uno. En realidad, fue precisamente a través de este pecado que se inició la línea real de la cual al final vendría el Rey de reyes.

> A todos nuestros pecados hemos añadido este mal de pedir rey para nosotros... Y Samuel res-

> pondió al pueblo: No temáis; vosotros habéis hecho todo este mal; pero con todo eso no os apartéis de en pos de Jehová, sino servidle con todo vuestro corazón... Pues Jehová no desamparará a su pueblo, por su grande nombre (1 Samuel 12:19-20, 22).

Dios tuvo compasión del pueblo e hizo que esa acción pecaminosa sirviera a sus propósitos eternos: que habría una línea real y que su Hijo sería la gloriosa culminación de esa línea.[2]

No hay cruz sin soberanía sobre el pecado

Este asombroso hecho nos lleva a la cruz de Cristo en más formas que una. Preguntamos: *¿Puede realmente ser que Dios gobierne las acciones pecaminosas de los hombres para hacer que estas sirvan a los sabios propósitos divinos sin que Él mismo se vuelva pecador?* Sí, Él sí puede hacerlo. Si no pudiera, entonces no habría evangelio cristiano. El evangelio son las buenas nuevas de que Cristo murió por nuestros pecados. «Además os declaro, hermanos, el evangelio... Que Cristo murió por nuestros pecados, conforme a las Escrituras; y que fue sepultado, y que resucitó al tercer día, conforme a las Escrituras» (1 Corintios 15:1-4).

Observe la frase repetida «conforme a las Escrituras». Eso significa que el Señor lo planeó. Dios planificó que Cristo muriera. No habría evangelio sin la muerte de Cristo. Todos los hechos que lo llevaron a la cruz fueron planeados. Esto es explícito en la oración de alabanza de la iglesia primitiva en Hechos 4:27-28:

> Porque verdaderamente se unieron en esta ciudad contra tu santo Hijo Jesús, a quien ungiste, Herodes y Poncio Pilato, con los gentiles y el pueblo de Israel, para hacer cuanto tu mano y tu consejo habían antes determinado que sucediera.

Esto significa que Herodes, Pilatos, los soldados, y las multitudes hicieron a Jesús lo que estaba planificado por Dios. Y todos estos hechos contra Jesús fueron pecado.

El Señor no peca. Él es santo (Isaías 6:3). Él es «luz, y no hay ningunas tinieblas en él» (1 Juan 1:5). Él es el «Padre de las luces» y de quien viene «toda buena dádiva y todo don perfecto» (Santiago 1:17). Sin embargo, Dios ordenó claramente que ocurriera el asesinato de su Hijo. En otras palabras, cuando vemos en acción la soberanía del Señor en el libro de Rut, preparando la línea de un rey, aunque pedir ese rey era pecado, estamos viendo la clase de obra divina que es necesaria para la redención del mundo. No pudo haber crucifixión sin aquellos que la llevaron a cabo.

La cruz: Plan amoroso de Dios

Tal vez alguien podría pensar que esta teología precipitada acerca del gobierno del Señor sobre el pecado sin que Él sea pecador es demasiado elevada para ser prácticamente útil. Joni Eareckson Tada y su coautor Steve Estes piensan diferente.

Joni ha estado casi totalmente paralizada del cuello para abajo al lanzarse desde un trampolín cuando tenía diecisiete años de edad. Durante un sombrío período de duda e ira, una amiga se la presentó a Steve Estes. Comenzaron juntos a estudiar la Biblia. «Ella llegó a la creencia clásicamente reformada de que su lesión fue una expresión del amor de Dios. En pocas palabras, las Escrituras le enseñaron a Tada que su alma era infinitamente más importante que su cuerpo».[3]

Ella explica:

> Me dirigía hacia un camino de autodestrucción [antes de mi accidente]... Justo había ido a una clínica de control de natalidad para buscar píldoras anticonceptivas, porque sabía que me acostaría con mi novio de la universidad. En alguna parte en medio de esa confusión de emociones, dudas y fracasos, mientras hacía una farsa de mi vida cristiana, en algún lugar de esa desesperación exclamé: «Dios, sálvame». Y Él lo hizo. Creo que mi accidente fue una respuesta directa.
>
> Algunas personas podrían querer decir que esa respuesta fue indirecta, pero me inclino hacia el antiguo adagio de que Dios escribe recto usando renglones torcidos.[4]

Es decir, cuando Dios ordena algo torcido, Él mismo no está haciendo algo torcido. Cuando le dijeron que muchas personas le dirían: «¿Cómo te atreves a decir que Dios hizo eso?», Tada recuerda que ella hizo la misma pregunta a Steve Estes: «¿Cómo puedes decir que este accidente fue la voluntad de Dios?». Aquí es donde la soberanía del Señor sobre la cruz de Cristo se vuelve tan importante.

La mujer recuerda que Steve respondió:

> Déjame contestarte haciéndote otra pregunta. ¿Crees que cuando Jesús murió en la cruz, esa fue la voluntad de Dios?...
>
> Bueno, pensé en ello por un instante, porque Jesús fue entregado por treinta monedas de plata, soldados borrachos le arrancaron la barba, luego lo golpearon sin compasión en ese cuarto de atrás. La turba gritó: «Crucifícalo». ¿Cómo puede eso ser la voluntad de Dios? Tortura, injusticia, asesinato, traición. ¿Cómo podría algo de eso ser la voluntad del Señor?[5]

Joni recuerda: «Me quedé sin palabras, porque yo sabía que el plan de Dios el Padre era que su Hijo fuera a la cruz».[6] Estas ideas llevaron a Joni a la convicción profunda e inquebrantable de que los sufrimientos de la vida no son excepciones al amor de Dios por sus hijos. Son expresiones de su amor. Ella afirma: «Hay cosas más importantes que caminar».

> Quizás se supone que la muerte sea difícil. Tal vez se supone que sea una prueba del infierno... Oh, gracias, ¡gracias por esta silla de ruedas! Probar el infierno en esta vida me ha llevado a pensar seriamente en lo que enfrentaré en la próxima vida. Esta parálisis es mi más grande misericordia.[7]

Una visión de Dios como absolutamente suprema sobre toda la maldad del mundo (natural y moral) ha liberado a Joni Eareckson Tada para amar a otros. Tim Stafford, quien entrevistó a Joni para un artículo en *Christianity Today*, manifestó: «El cielo la ha sacado de sí misma, y ha permitido que ella entre a las vidas de otros que sufren. El cielo ha hecho de Tada una activista».[8] La soberanía de Dios sobre el pecado, incluso en el peor pecado del mundo: asesinar al Hijo de Dios, no fue demasiado elevada para ayudar a Joni Eareckson Tada. Y no es demasiado elevada para ayudarle a usted.

Rut contra pequeñeces descontroladas

Las implicaciones de la historia de Rut son impresionantes. Son más grandes que el mundo y que nuestro entendimiento. Al igual que toda la Biblia, esta historia es inagotable. Tal vez apenas hayamos arañado la superficie.

Uno de los más grandes males de nuestra época tiene que ver con lo insignificante. Las cosas en las que la mayoría de personas gastan la mayor parte de su tiempo son triviales. Y lo que hace que esto sea una grave condición es que estábamos destinados a vivir por causas espléndidas. Ninguno de nosotros está realmente contento con las búsquedas triviales del mundo. Nuestras almas no estarán satisfechas con pequeñeces. ¿Por qué hay toda una sección del periódico dedicada a deportes y casi nada dedicado a la más grandiosa historia del universo: el crecimiento y la extensión de la Iglesia de Jesucristo? En comparación con la obra de Dios en Cristo, es locura que juegos insignificantes ocupen un papel central en nuestra cultura.

Esta es una de muchas señales de que estamos esclavizados por trivialidades. Vivimos en la aldea suiza, pero miramos las figuras de madera de la ventana en lugar de levantar nuestros ojos a las «nieves perpetuas». Vivimos en una lucha perenne y sin esperanza por satisfacer nuestros anhelos en pequeñeces. Por eso, nuestras vidas se vuelven triviales, y muere nuestra capacidad para causas magníficas y para gran adoración.

Algo más grande que nosotros mismos

El libro de Rut quiere enseñarnos que el propósito de Dios para su pueblo es relacionarnos con algo más grande que nosotros mismos. El Señor desea enseñarnos que, cuando lo seguimos, nuestras vidas siempre significan más de lo que creemos. Noemí no tenía idea en la tierra de Moab de que Dios la estaba convirtiendo en antepasada del Mesías. Para el cristiano, siempre hay una relación entre los sucesos comunes de la vida y la estupenda obra del Señor en la historia.

Todo lo que hacemos en obediencia a Dios, por pequeño que sea, es importante. Es parte de un mosaico cósmico que Él está pintando para mostrar la grandeza de su poder y sabiduría al mundo y a los poderes y autoridades en las regiones celestiales (Efesios 3:10). Una profunda satisfacción de la vida cristiana es que no estamos dedicados a pequeñeces. Servir a una suegra viuda, espigar en un campo, enamorarse, tener un bebé... para el cristiano todas estas cosas están relacionadas con la eternidad. Son parte de algo mucho más grande de lo que parecen.

Lo mejor está aún por venir: la gloria

Por eso la palabra *gloria* no es demasiado fuerte teniendo en cuenta hacia dónde este libro nos dirige. La vida de los piadosos no es una línea recta hacia la gloria, pero ellos llegan allá... el Señor se encarga de eso. Hay una esperanza para nosotros detrás del hermoso bebé y de la feliz abuela. La historia señala hacia David. David señala hacia Jesús. Y Jesús señala hacia la resurrección de nuestros cuerpos mortales (Romanos 8:23) cuando «ya no habrá muerte, ni habrá más llanto, ni clamor, ni dolor; porque las primeras cosas pasaron» (Apocalipsis 21:4).

Lo mejor está aún por venir. Esa es la inquebrantable verdad acerca de la vida de la mujer y el hombre que siguen a Cristo en la obediencia que fluye de la fe. Lo digo a los jóvenes que son fuertes y se sienten esperanzados, y lo digo a los ancianos, para quienes el hombre exterior se va consumiendo rápidamente. Lo mejor está aún por venir. Y Dios está actuando en los momentos más sombríos para lograr que alcancemos nuestro destino.

«Cariño»

Esta promesa que Dios ha hecho a su pueblo es inquebrantable. Ni el hambre ni la muerte pueden romperla. Lo vi en una anécdota. Yo estaba visitando a algunos de nuestros ancianos en un asilo. Me topé en el ascensor con una silla de ruedas en la que había una mujer anciana, deforme y confundida. La cabeza se le tambaleaba sin sentido y emitía sonidos incoherentes. La boca estaba siempre abierta. Entonces, observé que un hombre bien vestido, tal vez de sesenta y tantos años, le empujaba la silla. Me pregunté quién era. Luego cuando todos salimos del ascensor oí que él le decía: «Ten cuidado con los pies, cariño».

Cariño. Mientras caminaba hacia el auto, pensé: Si un pacto matrimonial entre un hombre y una mujer produce esa clase de fidelidad, compromiso y afecto bajo esas circunstancias, seguramente, bajo los términos grandes y misericordiosos del nuevo pacto, sellado con la sangre de su Hijo (Lucas 22:20), Dios no tiene dificultad en llamarnos a usted y a mí (pecadores y enfermos como estamos) con nombres cariñosos. Y si Él lo hace, no existe verdad más inquebrantable en todo el mundo que esta: para ellos y para nosotros, lo mejor está aún por venir. El Señor obra en medio de los peores momentos… para nuestro bien y para la gloria de Cristo. Él se encargará de que la gloria de su Hijo llene la tierra y que en Él hallemos gozo eterno.

RUEGOS FINALES

TERMINAMOS DONDE COMENZAMOS. En la introducción, mencioné siete razones de por qué creía que usted querría leer este libro. Para concluir, tomaré esas siete razones y las convertiré en siete apelaciones. Si he entendido correctamente la historia de Rut, estas no son simplemente mis apelaciones, sino también las de Dios. Las ofreceré en el espíritu de Romanos 12:1, porque el Señor ha tenido misericordia de nosotros. «Tomando en cuenta la misericordia de Dios... les ruego» (NVI). Sí, por las misericordias y para la gloria del Señor.

1. Estudie las Escrituras

En septiembre de 1966, me hallaba postrado en cama con mononucleosis en el centro de salud de Wheaton College. Harold John Ockenga estaba predicando en la capilla al otro lado de la calle, y yo lo escuchaba por la emisora radial WETN. Yo estaba en el tercer año de la universidad estudiando para ser médico, pero ese predicador lo cambió todo.

Dentro de mí se despertó un deseo que nunca ha muerto: un deseo por conocer y estudiar la Biblia. Antes de salir del centro de salud, ya había decidido asistir al seminario. En ese entonces no conocía mi llamado. Lo único que sabía era que dentro de mí había una pasión por entender las Escrituras... y por ayudar a otros a amarlas y vivirlas.

Eso fue hace cuarenta y cuatro años. Mi anhelo nunca ha cambiado. Estoy escribiendo esto simplemente para animarlo a usted a hacer lo mismo. No es que todo el mundo deba ir al seminario o convertirse en estudiante de la Biblia a tiempo completo. Pero todos deberían adquirir un hábito de por vida de crecer en el conocimiento y el amor de la Palabra de Dios.

Las Escrituras «son verdaderas: todas ellas son justas. Son más deseables que el oro, más que mucho oro refinado; son más dulces que la miel, la miel que destila del panal. Por ellas queda advertido tu siervo; quien las obedece recibe una gran recompensa» (Salmos 19:9-11, NVI).

En comparación con cualquier otra cosa que podríamos leer, y debemos leer otras cosas, solamente las Escrituras dan vida. «Señor, ¿a quién iremos? Tú tienes palabras de vida eterna» (Juan 6:68). Solamente las Escrituras pueden derrotar el poder sobrenatural del maligno. «La palabra de Dios permanece en vosotros, y habéis vencido al maligno» (1 Juan 2:14). Solamente las Escrituras son infalibles y nos guían en todo momento a la verdad. «La Escritura no puede ser quebrantada» (Juan 10:35). Solamente la Palabra de Dios puede producir nuevo nacimiento; «siendo renacidos... por la palabra de

Dios que vive y permanece para siempre» (1 Pedro 1:23-25). Solamente la Palabra de Dios puede hacernos santos. «Santifícalos en tu verdad; tu palabra es verdad» (Juan 17:17). Solamente las Escrituras despiertan gozo espiritual eterno. «Estas cosas os he hablado, para que mi gozo esté en vosotros, y vuestro gozo sea cumplido» (Juan 15:11).

Debo mi vida a las Escrituras. Debo mi fe, mi esperanza, mi predicación, mi consejería, mis escritos, mi matrimonio, mis amistades y mi perseverancia a la Palabra de Dios. Me estremezco al pensar en mi vida sin la Biblia. En ella es donde conocí a Jesús. En ella es donde comulgo con Él, consulto a Él, aprendo de Él, y obtengo corrección y consuelo de Él. Aparte de la Palabra viva de Dios y de su presencia a través de la Biblia, es inconcebible tener gozoso compañerismo con Jesús.

Quiero que todo el mundo conozca, ame y siga a Jesucristo. Esto es posible solo por medio de la Palabra. Por tanto, oro pidiendo que nuestro viaje juntos a través de la historia de Rut lo inspire a seguir adelante. Hay descubrimientos esperándolo que le cambiarán la vida. Hay más de Dios para conocerse y más de Cristo para verse de lo que usted alguna vez creyó posible. Hay fortaleza del alma, claridad de fe, firmeza de esperanza, aumento de alegría, profundidad de sabiduría, autenticidad de amor, una paz tranquila y una audacia humilde que solo vienen de ricas temporadas de meditación en la Palabra de Dios.

Que el Señor despierte en usted una sed insaciable por su Palabra. «Alimenta tu vientre, y llena tus entrañas de este rollo que yo te doy. Y lo comí, y fue en mi boca dulce como miel» (Ezequiel 3:3).

2. Busque pureza sexual

Una de las cosas que las Escrituras hacen es incitar en nosotros una visión más profunda, más fuerte y más hermosa de la sexualidad humana. Sin duda, lo que el mundo ofrece es «poderoso», pero solo en forma visceral. Es maravillosa la manera en que el apetito es poderoso. Pero los seres humanos estamos creados a imagen de Dios. Somos más que una colección de apetitos.

Rut es una historia de otra clase de poder sexual, como el de un río que corre profundo entre las elevadas orillas de la justicia. Sin riberas, un río se desborda por todas partes y provoca estragos. También se pone turbio y poco profundo. Eso es lo que le sucede al sexo sin las restricciones del Señor.

Pero cuando este río corre entre las orillas de la verdad bíblica, lo hace de manera profunda y pura. Quienes se entregan fuera del matrimonio pierden una profundidad de placer que solo conocen quienes esperan en el Señor. Experimentar pureza sexual por medio del poder del Espíritu de Dios y de la verdad de su Palabra conlleva una recompensa que no pueden sentir los que están fuera.

Esto tiene relación con ver al Señor. «Bienaventurados los de limpio corazón, porque ellos verán a Dios» (Mateo 5:8). George Whitefield declaró: «El que es más puro de corazón disfrutará en el más allá de una visión más clara de Dios».[1] Así es. Pero no solo en el más allá. Nuestra visión de Dios en el presente está nublada por toda clase de impureza.

Este es el mayor argumento para una vida libre de fornicación, adulterio, pornografía e imaginaciones lujuriosas. Nos permite ver más del Señor, y para esto fuimos creados. Moisés clamó: «Te ruego que me muestres tu gloria» (Éxodo 33:18). Jesús oró por nosotros: «Padre, aquellos que me has dado, quiero que donde yo estoy, también ellos estén conmigo, para que vean mi gloria que me has dado» (Juan 17:24).

Es una gran tragedia, una gran pérdida, que alguien prefiera licencia sexual por encima de ver a Dios. Es como si Einstein hubiera decidido ser portero, o Billy Graham hubiera decidido ser presentador de noticias, o Michael Jordan hubiera decidido jugar béisbol. Esto no es para lo que fueron creados. Fuimos hechos para ver a Dios, para conocerlo, admirarlo y disfrutarlo. Permanezca sexualmente puro, y busque los placeres que nunca fallan.

3. Busque masculinidad y feminidad maduras

Los impulsos igualitarios de los últimos treinta años no nos han hecho mejores hombres y mujeres. En realidad han confundido a millones. ¿Qué podrían contestar el hombre o la mujer promedio de hoy a la pregunta de un niño pequeño: *Papito, ¿qué significa crecer y ser un hombre y no una mujer?* O a la pregunta de una niña pequeña: *Mamá, ¿qué significa crecer y ser una mujer y no un hombre?*

¿Quién podría contestar estas preguntas sin reducir la masculinidad o la feminidad a simples mecanismos biológicos? ¿Quién podría expresar los profundos significados de masculinidad y feminidad entrelazados de manera diferente en una personalidad creada de modo distinto e igual a imagen de Dios? James Dobson lo dice así: «En esencia... está el asunto de *¿qué es un hombre?* Si intentamos reducir ese asunto solo a *lo que es una persona bondadosa,* tendríamos un buen punto pero perderíamos el elemento crucial llamado hombría y que *es* importante».[2] No preguntar acerca de la esencia de la personalidad tanto masculina como femenina confunde a todo el mundo, especialmente a los niños.

Esta confusión daña a las personas. No se trata de algo insignificante. Sus efectos son enormes. Concuerdo con Dobson cuando afirma: «La resistencia feminista a que se haga de la masculinidad y la feminidad algo significante en cuanto a conducta y determinación de papeles está asociada a algunos de los problemas sociales y espirituales más dolorosos de hoy día».[3]

Cuando la masculinidad y la feminidad se confunden en casa, las consecuencias son más profundas de lo que se podría revelar en una generación.

Hay dinámicas en el hogar que dirigen las preferencias sexuales de los niños y conforman su concepto de masculinidad y feminidad. Especialmente crucial en materia de preferencia sexual es la constante y amorosa afirmación de un padre en relación con la masculinidad de su hijo y la feminidad de su hija.[4] El padre debe ser un hombre. Sin embargo, ¿cómo se puede cultivar esta clase de afirmación varonil en una atmósfera en que las diferencias de papeles entre masculinidad y feminidad se niegan o se reducen constantemente por razones de igualdad de género y ceguera de sexos?

Lo que todos necesitamos es una sólida enseñanza bíblica acerca de las diferencias que Dios quiere entre hombres y mujeres.[5] Pero también necesitamos historias, grandes historias. Debemos ver masculinidad y feminidad en acción: en la vida real, en la ficción, y en la historia. La historia de Rut y Booz es la clase de narración que puede despertar y alimentar al alma masculina y femenina en maneras que no podemos expresar.

Le animo a ser como un delfín en el mar de nuestra cultura igualitaria y de nivelación de género. No sea como una medusa. El océano de secularismo en que nadamos (que incluye a gran parte de la iglesia) avanza sin rumbo hacia la minimización de las serias diferencias entre masculinidad y feminidad. Los cambios de la cultura avanzan y retroceden en cuanto a si las mujeres son esencialmente objetos sexuales o vicepresidentas principales. Pero rara vez estos cambios consideran la visión bíblica de que los hombres están llamados a liderar, proteger y proveer en humildad, y que las mujeres están llamadas a acompañar con sus fortalezas y dones únicos, y a ayudar a los hombres a llevar a cabo la visión.

Oro pidiendo que Rut y Booz estimulen en usted la búsqueda de masculinidad y feminidad maduras. En juego está más de lo que sabemos. Dios hizo del matrimonio el escaparate de su pacto de amor en que el esposo modela a Cristo y la esposa modela a la Iglesia (Efesios 5:21-33). Y Dios llama a las personas solteras a bendecir esta visión y a cultivar una apropiada expresión de liderazgo y apoyo para sus diferentes relaciones.[6]

4. Acepte la diversidad étnica

Al leer hacia atrás el libro de Rut, sabiendo la resolución antes de saber cómo llegar allí, asombra que la historia se forje precisamente para incluir a una mujer moabita en el linaje de David y el Mesías. Esta intencionalidad se recalca en Mateo 1:5 donde Rut es una de las cuatro mujeres mencionadas en la genealogía de Jesús.

En realidad parece que Mateo se sale de su camino para incluir en su genealogía a mujeres poco probables: Tamar que dio a luz a Fares por medio del adulterio con su suegro (Mateo 1:3), Rahab la prostituta cananea (Mateo 1:5), y Betsabé, esposa de un heteo, la cual cometió adulterio con el rey David y dio a luz a Salomón (Mateo 1:6). Digo *poco probables* tanto por razones étnicas como morales.

Rut no era israelita. Esto significaba que étnicamente era ajena al pacto y a las costumbres y leyes de Israel. Los israelitas no debían casarse con mujeres de otras naciones (Esdras 10:11). Durante el mismo período de los jueces cuando ocurrió la historia de Rut (Rut 1:1), los padres de Sansón le dijeron: «¿No hay mujer entre las hijas de tus hermanos, ni en todo nuestro pueblo, para que vayas tú a tomar mujer de los filisteos incircuncisos?» (Jueces 14:3).

Lo que Dios estaba haciendo con este designio previsor fue plantar la dinamita que explotaría las fortalezas del etnocentrismo y el racismo. A medida que avanzaba la historia de su pueblo, el Señor clarificaría más y más que el verdadero problema en el matrimonio interracial no era de raza, sino de fe. Pablo diría finalmente que un seguidor de Cristo se podía casar «con tal de que sea en el Señor» (1 Corintios 7:39, NVI).

He explicado una posición bíblica sobre el matrimonio interracial en un sermón titulado «Armonía racial y matrimonio interracial».[7] Aquí, simplemente, deseo celebrar el objetivo de Dios de llamar a personas de todos los grupos étnicos del mundo. La historia de Rut nos dice que en las venas del Hijo de Dios fluía sangre moabita. Esta sangre fue luego derramada por la salvación de los moabitas y de todos los demás grupos de personas. «Tú fuiste inmolado, y con tu sangre nos has redimido para Dios, de todo linaje y lengua y pueblo y nación» (Apocalipsis 5:9).

El terreno global en que nos encontramos se está moviendo debajo de nuestros pies. Las personas se están movilizando como nunca antes. Por ejemplo, las ciudades gemelas de Minneapolis y St. Paul, donde vivo actualmente, son tanto el hogar de las mayores poblaciones somalíes y hmong en los Estados Unidos, como también de la población más grande de estudiantes chinos. El vecindario Phillips, donde está ubicada nuestra casa, es uno de los barrios más variados en la nación, con más de cien lenguas diferentes. En la cercana avenida Nicollet «la calle de las comidas», hay setenta y cinco restaurantes étnicos en un área de seis cuadras. Uno de nuestros suburbios, Maple Grove, acoge el templo hindú más grande de Estados Unidos. Las mismas clases de cambios están ocurriendo en todo el mundo.

Nada de esto es más accidental que la permanencia de Noemí en Moab. Dios estaba atrayendo a Rut hacia Él mismo, y hoy día está atrayendo a miles de pueblos étnicos hacia sí mismo. Al Señor le gusta magnificar el poder de su Hijo para llamar a personas de todos los grupos. Y a Él le gusta magnificar la belleza del Hijo para mantener la lealtad de los corazones en toda clase de cultura.

No permita que el cambio de personas y culturas que se da alrededor de usted amenace su fe. No se aferre a la manera en que están las cosas como si su ciudadanía estuviera simplemente en la tierra. «Mas nuestra ciudadanía está en los cielos, de donde también esperamos al Salvador, al Señor Jesucristo» (Filipenses 3:20). Cualquiera que sea el país en que vivamos, somos «extranjeros y peregrinos» (1 Pedro 2:11). Un seguidor de Cristo en cualquier grupo étnico es un pariente más cercano para nosotros que cualquier familiar sanguíneo que rechaza a nuestro Salvador. «Porque todo aquel que hace la voluntad de Dios, ése es mi hermano, y mi hermana, y mi madre» (Marcos 3:35).

5. Confíe en la soberanía de Dios

Creo que el Señor nos ha revelado su soberanía para que podamos sentir una adecuada reverencia hacia su poder y una fuerte confianza de que somos amados. Es apropiado que temblemos ante la majestad del poder divino. «Miraré a aquel que es pobre y humilde de espíritu, y que *tiembla a mi palabra*» (Isaías 66:2). «Cuando le vi, caí como muerto a sus pies» (Apocalipsis 1:17).

También es apropiado que quienes están en Cristo no teman ninguna condenación (Romanos 8:1), ni que alguna vez sueñen que el Señor se ha vuelto contra ellos. «Si Dios es por nosotros, ¿quién contra nosotros? El que no escatimó ni a su propio Hijo, sino que lo entregó por todos nosotros, ¿cómo no nos dará también con él todas las cosas?» (Romanos

8:31-32). Cuando Cristo absorbe la ira de Dios que nosotros merecemos, Dios nunca tiene como objetivo nuestra destrucción, sino nuestra felicidad santa y eterna.

Las situaciones dolorosas que llegan a nuestras vidas no están descritas por el Señor como accidentales o descontroladas. Esto no representaría un alivio. Que Dios no pueda detener un germen, un auto, una bala o un demonio no son buenas noticias; no son las noticias de la Biblia. Él puede hacerlo. Lo hace diez mil veces. Pero cuando no lo hace, es porque tiene sus razones. En Cristo Jesús todos somos amados. Se nos enseña acerca de esta soberanía para que la bebamos hasta que sature nuestros huesos. Él nos está preparando para sufrir sin que sintamos que no somos amados.

Por tanto, cuando llega el sufrimiento, a los hijos de Dios les toca experimentarlo como disciplina paternal del Señor. No habla bien de nuestra fe que dudemos de su amor o que nos enojemos con Dios cuando Él manda dolor a nuestras vidas. La historia de Rut (junto con la de José, Job, Ester y otros) está en la Biblia con el fin de prepararnos para las desventuras, al mostrarnos una y otra vez que el Señor está haciendo miles de cosas que no sabemos, y que están concebidas para nuestro bien.

> Hijo mío, no menosprecies la disciplina del Señor, ni desmayes cuando eres reprendido

> por él; porque el Señor al que ama, disciplina, y azota a todo el que recibe por hijo. Si soportáis la disciplina, Dios os trata como a hijos... Es verdad que ninguna disciplina al presente parece ser causa de gozo, sino de tristeza; pero después da fruto apacible de justicia a los que en ella han sido ejercitados (Hebreos 12:5-7, 11).

Así es como los hijos de Dios deberían experimentar la providencia del Señor. En este libro hemos usado a menudo la palabra *providencia.* He aquí una hermosa descripción de ella tomada del Catecismo de Heidelberg, de cuatrocientos años de antigüedad:

> Pregunta 27: ¿Qué es la providencia de Dios?
>
> Respuesta: Es el poder de Dios omnipotente y presente en todo lugar, por el cual sustenta y gobierna el cielo, la tierra y todas las criaturas de tal manera que todo lo que la tierra produce, la lluvia y la sequía, la fertilidad y la esterilidad, la comida y la bebida, la salud y la enfermedad, riquezas y pobrezas, y finalmente todas las cosas no acontecen sin razón alguna como por azar, sino por el consejo y voluntad paternal del Señor.

Lo que he tratado de hacer en este libro es descorrer la realidad personal y preciosa de que esta verdad es consoladora. También es dolorosa. Saber que nuestro Padre que está en el cielo ha ordenado nuestro dolor, aun cuando no es una verdad reconfortante, nos consuela. Creer que nuestro dolor tiene detrás un propósito sabio y todopoderoso es mejor que cualquier otro punto de vista: un Dios débil, cruel o incapaz, o la noción de que no hay Dios. Saber que en sus manos «esta leve tribulación momentánea produce en nosotros un cada vez más excelente y eterno peso de gloria» (2 Corintios 4:17) es profundamente tranquilizador. Y sí, en el caso de Pablo, «leve» y «momentánea» significó *toda una vida* de sufrimiento. La insoportable[8] «levedad» de su padecimiento era insignificante en comparación con el *peso* de gloria; y la interminable «brevedad» del sufrimiento del apóstol era fugaz comparada con *lo eterno* de la gloria.

Con esto quiero declarar que hay una gran ventaja en saber que Dios es soberano sobre el dolor y el placer de nuestras vidas. El Catecismo de Heidelberg pregunta cuál es, y da la respuesta:

> Pregunta 28: ¿Qué utilidad obtenemos nosotros al saber que Dios ha creado todas las cosas y que por su providencia aún las sostiene?
>
> Respuesta: Que, en toda adversidad, tengamos paciencia; y, en la prosperidad, seamos agradecidos; y, en el futuro, tengamos puesta toda nuestra esperanza en Dios, nuestro padre fiel, sabiendo con certeza que nada nos puede apartar de su amor; pues todas las criaturas

> están sujetas a su poder, de tal manera que no pueden hacer nada sin su voluntad.

Si somos capaces de poner nuestra mirada en la cruz de Cristo, donde Dios certificó de modo infalible su amor por nosotros sin cambio posible (Romanos 5:8; 1 Juan 3:16), entonces el dolor que Él ordena para nosotros no socavará nuestra sensación de sentirnos amados. Al contrario, nos pondremos las manos en la boca y nos inclinaremos delante de su providencia amorosa y determinada. Confiaremos en que Él hace todo solamente para nuestro bien, aunque por el momento esto nos parezca, o no, algo bueno. Además, esperaremos el día en que todo se entienda y se ponga en claro.

> *Qué gozo me procuraste a través del dolor,*
> *No puedo cerrarte mi corazón;*
> *Alcanzo a ver el arcoíris a través de la lluvia,*
> *Y siento que la promesa no es vana,*
> *Que el alba debe de llegar sin lágrimas.*[9]

Incluso en este lado de la mañana sin lágrimas, hay a menudo revelaciones de la gloria de Cristo con relación al sufrimiento que superan todas las visiones que vienen en los días claros. Ah, con cuánto sufrimiento los santos han descubierto que esto es así:

> *He aprendido que Él nunca da una espina*
> *sin esta gracia añadida,*

Él aparta el velo que oculta su rostro y lo
sujeta a un lado con la espina.[10]

6. Asuma los riesgos de amar

Puesto que vivía bajo las «alas de Dios» (Rut 2:12), Rut asumió los riesgos de amar, dejando su patria, prometiendo no regresar nunca a ella, trabajando fielmente para su suegra en medio del calor del día, y yendo a Booz en medio de la noche. La bondad soberana del Señor se nos revela no solo para nuestro consuelo, sino también para liberarnos del temor y del egoísmo que anulan los riesgos radicales del amor.

Amor es la fe en acción, cuando confiamos en las promesas soberanas de Dios garantizadas por medio de la sangre de Cristo; «porque en Cristo Jesús ni la circuncisión vale algo, ni la incircuncisión, sino *la fe que obra por el amor*» (Gálatas 5:6). La fe en el amor soberano del Señor por nosotros confiere poder a las obras del amor. El amor muestra la realidad de la fe en las promesas divinas.

Por tanto, Pablo asevera que «el propósito de este mandamiento es el amor» (1 Timoteo 1:5). Eso es lo que el autor del libro de Rut habría dicho también. El propósito no es tan solo entretenernos con una historia interesante, y tampoco es clarificar nuestra teología. El objetivo es que estas convicciones clarificadas y esta historia inspiradora nos den poder para realizar obras de amor, radicales y arriesgadas.

Estas son las luces del mundo que hacen que las personas glorifiquen a Dios (Mateo 5:16).

Justo antes de que Jesús realizara la más grande obra de amor jamás efectuada, fortaleció su corazón con el gozo puesto delante de Él. Este gozo estaba asegurado por medio de la soberanía compartida por su Padre y por Jesús mismo. «Nadie me la quita, sino que yo de mí mismo la pongo. Tengo poder para ponerla, y tengo poder para volverla a tomar. Este mandamiento recibí de mi Padre» (Juan 10:18). Él se sostuvo con la esperanza del futuro gozo absolutamente seguro: «por el gozo puesto delante de él sufrió la cruz» (Hebreos 12:2).

No existe lugar más seguro en todo el universo que bajo las alas del Dios soberano, omnisciente y amoroso. Pero la sombra de estas alas podría llevarnos a lugares peligrosos por causa del amor. A usted lo podrían martirizar en la sombra del Todopoderoso. Pero no desperdiciará su vida cuando muera por causa del amor. Como expresara famosamente el mártir Jim Elliot: «No es tonto quien da lo que no puede conservar para obtener lo que no puede perder».[11]

7. Viva y cante para la gloria de Cristo

Lo que se sugiere al final del libro de Rut (que apunta hacia David y su línea mesiánica), y lo que está claro desde la perspectiva de las Escrituras, es que toda la historia humana es para la gloria de Jesucristo.

«Todo fue creado por medio de él y *para él*» (Colosenses 1:16).

Desde la eternidad hasta la eternidad, Cristo está a la vista como el foco de toda adoración y lealtad. Antes de la creación, Dios planeó nuestra redención. Y el foco de ella desde la eternidad pasada fue Cristo: «nos escogió *en él* antes de la fundación del mundo» (Efesios 1:4). Antes de la creación, Dios planeó la muerte de su Hijo. Preparó un libro de los redimidos «antes de la fundación del mundo» y le dio al libro un nombre: «el libro de la vida del Cordero que fue inmolado» (Apocalipsis 13:8).

Y, en el otro extremo de la eternidad, cantaremos al Cordero en el centro de toda nuestra adoración. No habrá competencia entre Dios Padre y Dios Hijo por nuestra adoración, porque el Cordero está «en medio del trono» de Dios (Apocalipsis 7:17). El trono del universo es «el trono de Dios y del Cordero» (Apocalipsis 22:1, 3). No hay vacilación para decir: «La salvación pertenece a nuestro Dios que está sentado en el trono, y al Cordero» (Apocalipsis 7:10). Toda criatura cantará: «Al que está sentado en el trono, y al Cordero, sea la alabanza, la honra, la gloria y el poder, por los siglos de los siglos» (Apocalipsis 5:13).

Cuando el Padre sea «todo en todos» (1 Corintios 15:28), el Hijo, Jesucristo, el Cordero que fue sacrificado, no será menos que supremamente adorado con el Padre. Él recibirá su alabanza por su obra única.

> Y miré, y oí la voz de muchos ángeles alrededor del trono, y de los seres vivientes, y de los ancianos; y su número era millones de millones, que decían a gran voz: *El Cordero que fue inmolado es digno de tomar el poder, las riquezas, la sabiduría, la fortaleza, la honra, la gloria y la alabanza.* Y a todo lo creado que está en el cielo, y sobre la tierra, y debajo de la tierra, y en el mar, y a todas las cosas que en ellos hay, oí decir: *Al que está sentado en el trono, y al Cordero, sea la alabanza, la honra, la gloria y el poder, por los siglos de los siglos.* Los cuatro seres vivientes decían: Amén; y los veinticuatro ancianos se postraron sobre sus rostros y adoraron al que vive por los siglos de los siglos (Apocalipsis 5:11-14).

Rut, Booz y Noemí están allí glorificando a Cristo. Ellos saben ahora cómo termina la historia. Y nosotros también, aun antes de que lleguemos allá. Por tanto, comencemos bien en este mundo: Vivamos y cantemos para la gloria de Cristo.

RECONOCIMIENTOS

LA IGLESIA BAUTISTA BETHLEHEM sigue siendo el fértil semillero donde se desarrolla la mayor parte de mis escritos. Las personas oyen con cortesía y vehemencia, y sacan lo mejor de mí... como este libro. Las series de mensajes sobre Rut no fueron la excepción. Gracias, Bethlehem, por tener avidez de la Palabra de Dios a través de este siervo imperfecto.

Los ancianos me concedieron días más allá de mi salida usual para escribir, para que pudiera dar la forma final a este libro. Hermanos, trabajar con ustedes en el liderazgo de Bethlehem ha sido durante décadas una fuente de gozo incesante.

David Mathis, asistente pastoral ejecutivo, se ha vuelto cada vez más una fuente de fortaleza, motivación práctica y ayuda, para que yo no desperdicie mi vida... ni un solo día. Él mantiene mi vida en orden y me lleva con gran suavidad de un punto al otro. Sin él, apenas sé qué hacer a continuación. Gracias, David (¡y Megan!), por su excelencia y amistad.

Noël y Talitha, ustedes son las Rut de mi vida. Las admiro a las dos, y las amo. Gracias por ayudarme a hacer lo que hago.

El hijo de Rut, hijo de David, Hijo de Dios está

debajo y encima de todo. No hay aliento dador de vida, no hay felicidad final, ni hay libro terminado sin Él. Gracias, Señor Jesús, por derramar tu sangre para que este pecador pueda ser tan bendecido.

John Piper
Minneapolis, Minnesota
1 de julio de 2009

NOTAS

Introducción

1. F. B. Huey, *Ruth, The Expositor's Bible Commentary*, Vol. 3, ed. Frank E. Gaebelein (Grand Rapids, MI: Zondervan, 1992), p. 509.
2. Consultado el 1 de diciembre de 2008; http://www.census.gov/Press-Release/www/releases/archives/population/012496.html.

Capítulo uno

1. Para un tratado más extenso sobre cómo Dios, a través de la Biblia, planea el bien de su pueblo, incluso usando los pecados de las personas, véase John Piper, *Spectacular Sins: And Their Global Purpose for the Glory of Christ* (Wheaton, IL: Crossway Books, 2008).
2. William Cowper (1731-1800), «Dios se mueve de manera misteriosa». Tomado de http://www.literato.es/p/MzI4MA/, consultado el 31 de enero de 2013.
3. David B. Hart, «Tremors of Doubt», *Wall Street Journal*, 31 de diciembre de 2004. Consultado el 3 de diciembre de 2008; http://opinionjournal.com/taste/?id=110006097.
4. Citado de una transcripción en línea del mensaje de Jim Bowers. Consultado el 1 de mayo de 2009; www.rockvalleybiblechurch.org/ResourceLibrary/Bowers/Bowers/htm.
5. Ibíd.

6. Karolina W. Sandell-Berg, «Día en día», tomado de http://certezadepertenencia.blogspot.com/2010/12/cantando-con-gracia-dia-en-dia-cristo.html, consultado el 28-01-13:

   Día en día Cristo está conmigo;
   Me consuela en medio del dolor,
   Pues confiando en su poder eterno,
   No me afano, ni me da temor.

   Sobrepuja todo entendimiento
   La perfecta paz del Salvador.
   En su amor tan grande e infinito
   Siempre me dará lo que es mejor.
7. Consulte: www.desiringGod.org.
8. Consultado el 1 de diciembre de 2008; www.desiringgod.org/Blog/1303_real_freedom_in_jesus/.
9. Cowper, «Dios se mueve de manera misteriosa».
10. W. P. Livingstone, *Mary Slessor of Calabar: Pioneer Missionary* (Londres: Hodder and Stoughton, 1916), p. 3.
11. Ibíd., p. 8.
12. Ibíd., p. 9.
13. Ibíd., p. 18.
14. Ibíd., p. 324.

Capítulo 3

1. William Cowper (1731-1800), «Dios se mueve de manera misteriosa». Tomado de http://www.literato.es/p/MzI4MA/, consultado el 31 de enero de 2013.
2. Como veremos, la traducción literal «extienda tus alas sobre tu sierva» es muy útil. Otras versiones traducen

la frase en términos generales como «extienda sobre mí el borde de su manto» (NVI, NTV); o «protege a esta sierva tuya bajo tu manto» (RVC). La palabra literalmente es «alas» y, por lo general, en combinación con «extender», se refiere a lo que las aves hacen con sus alas (Deuteronomio 32:11; Jeremías 48:40; 49:22; Job 39:26). La palabra «alas» es muy importante para preservar la conexión con Rut 2:12: «Jehová recompense tu obra, y tu remuneración sea cumplida de parte de Jehová Dios de Israel, bajo cuyas *alas* has venido a refugiarte».

3. Sabemos que Booz es mayor porque le dice a Rut: «hija mía; has hecho mejor tu postrera bondad que la primera, no yendo en busca de los jóvenes» (3:10).

Capítulo 4

1. John Henry Jowett, *The Preacher: His Life and Work* (Nueva York: Harper, 1912), p. 95.
2. Este es uno de los muchos ejemplos de la Biblia en que la soberanía de Dios sobre el pecado sirve para la gloria de Cristo. Ese es el tema principal de mi libro *Spectacular Sins: And Their Global Purpose for the Glory of Christ* (Wheaton, IL: Crossway Books, 2008).
3. Tim Stafford, «Una activista creada en el cielo», *Christianity Today*, enero de 2004, p. 49.
4. Ibíd.
5. Ibíd., 50.
6. Ibíd.
7. Ibíd.
8. Ibíd.

Ruegos finales

1. George Whitefield, «Cristo y la sabiduría, la justicia, la santificación y la redención del creyente», en *Select Sermons of George Whitefield* (Edimburgo: The Banner of Truth Trust, 1985), p. 114.
2. *Focus on the Family,* mayo de 1993, vol. 17, no. 5, p. 7. Cursivas finales originales.
3. Ibíd.
4. Gerald P. Regier, «La familia no tan desechable», *Pastoral Renewal*, vol. 13, no. 1, julio a agosto 1988, p. 20.
5. He tratado de pensar un poco en esto en *What's the Difference? Manhood and Womanhood Defined According to the Bible* (Wheaton, IL: Crossway Books, 2009). Véanse también John Piper y Wayne Grudem, eds., *Recovering Biblical Manhood and Womanhood* (Wheaton, IL: Crossway Books, 2006), y Wayne Grudem, *Evangelical Feminism and Biblical Truth* (Sisters, OR: Multnomah Press, 2004). Véase también www.cbmw.org.
6. Para más información acerca de esta visión sobre el matrimonio, véase John Piper, *Pacto matrimonial: Perspectiva temporal y eterna* (Carol Stream, Ill.: Tyndale Español: 2009).
7. Disponible en línea en http://www.desiringgod.org/ResourceLibrary/Sermons/ByDate/2005/198_Racial_Harmony_and_Interracial_Marriage/.
8. Pablo enumera algunos de sus sufrimientos al final de 2 Corintios: «... en azotes sin número; en cárceles más; en peligros de muerte muchas veces. De los judíos cinco veces he recibido cuarenta azotes menos

uno. Tres veces he sido azotado con varas; una vez apedreado; tres veces he padecido naufragio; una noche y un día he estado como náufrago en alta mar; en caminos muchas veces; en peligros de ríos, peligros de ladrones, peligros de los de mi nación, peligros de los gentiles, peligros en la ciudad, peligros en el desierto, peligros en el mar, peligros entre falsos hermanos; en trabajo y fatiga, en muchos desvelos, en hambre y sed, en muchos ayunos, en frío y en desnudez; y además de otras cosas, lo que sobre mí se agolpa cada día, la preocupación por todas las iglesias. ¿Quién enferma, y yo no enfermo? ¿A quién se le hace tropezar, y yo no me indigno?» (11:23-29).

9. George Matheson, tomado de http://www.daromusic.com.ar/index.php?topic=50.0, consultado el 14 de febrero de 2013.
10. Martha Snell Nicholson, tomado de http://es.gospeltranslations.org/wiki/Ser_madre_es_un_llamado_a_sufrir; consultado el 7 de febrero de 2013.
11. Elisabeth Elliot, *Shadow of the Almighty: The Life and Testament of Jim Elliot* [*La sombra del Todopoderoso: La vida y el testamento de Jim Elliot*] (Nueva York: Harper & Brothers, 1958), p. 19. Publicado en español por Editorial Vida.

DESIRING GOD: UNA NOTA SOBRE LOS RECURSOS

SI DESEA PROFUNDIZAR en la visión de Dios y en la vida que se presentan en este libro, en Desiring God estaremos encantados de servirle. Tenemos miles de recursos para ayudarle a crecer en su pasión por Jesucristo y extender esa pasión a los demás. En nuestra página web, desiringGod.org, encontrará casi todo lo que John Piper ha escrito y predicado, incluidos más de cuarenta libros. Hemos puesto a su disposición sus más de veinticinco años de sermones totalmente gratis en línea, para que los lea, los escuche, los descargue y, en algunas ocasiones, los vea en línea.

Además, tendrá acceso a cientos de artículos, y podrá informarse dónde está hablando John Piper, saber sobre nuestras conferencias, y navegar por nuestra tienda en línea. John Piper no cobra nada por derechos de autor ni recibe compensación alguna por parte de Desiring God. Todos los fondos se reinvierten en nuestros esfuerzos para extender el evangelio. Desiring God tiene una política de «pague según sus posibilidades», pensada para individuos con ingresos limitados. Si desea más información sobre esta política, contáctese con nosotros en la dirección y número de teléfono abajo indicados. Existimos para ayudarle a valorar a Jesucristo y su evangelio por encima de todas las cosas, porque Él se glorifica más en usted cuando usted se siente más satisfecho en Él. ¡Indíquenos cómo podemos servirle!

Desiring God
Post Office Box 2901
Minneapolis, Minnesota 55402
USA

Teléfono: 888-346-4700
Correo electrónico: mail@desiringGod.org
En la red: www.desiringGod.org